JN302685

建築学生のハローワーク

［改訂増補版］

五十嵐太郎 編

彰国社

マンガ・イラスト:たかぎみ江
ブックデザイン:長島恵美子

改訂増補版によせて

五十嵐太郎

　おかげさまで2009年に出版した『建築学生のハローワーク』は好評につき、今回、内容を一段とパワーアップして、改訂増補版を刊行する運びとなった。現在、ネット上にあらゆる情報があふれているようでいて、学生の関心が高い、肝心の建築関係の職業のモデルについては意外に知り得ることが少ない。ゆえに、こうした需要があるのではないかと思い、彰国社の神中智子さんに持ちかけ、もとの企画が通ったが、本書が登場した後に幾つかの類書も刊行されている。花形であるスター建築家以外にも、さまざまな生き方があることが注目されているのだろう。また予想していなかった反応だが、『建築学生のハローワーク』の韓国語版も2010年に刊行された。

　国境を越えて、建築学生は同じ悩みを共有しているのだ。激動する社会にあわせて、建築をとりまく環境も大きく変わっている。だからこそ、建築家2.0をめぐる言説や本書にインタビューを収録したコミュニティデザイナーの山崎亮が注目されるのだろう。

　今回の増補にあたっては、とくに事業計画、マネジメント、プロデュースなどを扱う、企画や発注系の職種に重点を置いた。建築の領域を広げる職業は、時代を映す鏡でもある。

はじめに

建築家以外にも、100通り以上の生き方がある

五十嵐太郎

　建築系の大学を卒業した後、誰もが建築家になるわけではない。
いや、アトリエ系といわれる建築家になるのは、むしろ少数派である。しかも各種のメディアに紹介され、華々しく活躍できるのは、ほんの一握りでしかない。という当たり前の事実に気付くくのは、大学に入ってからだろう。一般的な高校生がかろうじてイメージできる建設業の職業は建築家だからである。それもアントニオ・ガウディや安藤忠雄のような有名性を帯びた人物に限られる。多くの学生は、いざ大学で設計課題に取り組んではじめて、デザインではやっていけないと感じたり、建築家への道がいかに大変なのかを知る。では、建築家以外にどのような進路があるのか？　社会に出たらどんな仕事に就こうとも、さまざまな職種があることにいや応なく気付くはずだが、肝心の学生時代にはそうした情報に触れる機会がほとんどない。巷には建築家になるための本があまた存在し、100通りの物語を読むことも可能だろう。だが、軽く100種類を超えるそれ以外の職業はあまり知られていない。それぞれの領域で活躍していく道があるというのに。
　誰もが就職に悩む。だが、建築家は数ある職業の1つでしかない。全員がそこに進むわけでもない。ゆえに、本書がめざしたのは、建築を学んだ後に就職する仕事の広がりを知ってもらうことだ。建

築家が唯一の職業ではない。ちなみに筆者が本書を企画した直接のきっかけは、大学で就職担当を引き受けたことである。実に多様な業種から求人の案内が届き、いろいろな会社から人事の担当者が訪れ、説明会が行われる。あらためて驚かされた。時々学生からも、どのような職種があるのかを質問される。とはいえ、筆者も詳しいわけではない。だったら、建築家になる以外の進路を数多く紹介する書籍があったらよいではないか。幸いこうした企画が受け入れられ、筆者が監修した『卒業設計で考えたこと。そしていま』（彰国社）と同様、現場で欲しいと感じた思いが、1冊の本を生み出した。

　筆者も、建築学科に進んだとき、建築家になりたいと思っていた。学生のとき、ほかの仕事はよくわかっていなかった。また個人的に企業への就職活動を経験したことがない。学部の卒業時は、バブル経済の絶頂期であり、各種企業の人事担当者が学生を引き連れて、毎晩のようにただ酒を飲ませてくれた。それが異常な状況であることに気付いたのは、後になってからである。結局、筆者は大学院を受験したが、それは、ネクタイを締めなくてもいい職業に進みたいと漠然と考えていたからだ。一度失敗してから、初めて建築で飯を食っていく覚悟を決めた。2年目にようやく合格し、現在の自分がある。数多く存在する建築家とは違い、先人の事例が少ない仕事だけに、あるモデルをめざしたわけではなく、気が付いたら、こうなっていたというのが正しい。

　ところで、ル・コルビュジエやレム・コールハースにしても、既存の建築家になろうとしたというよりも、ル・コルビュジエ、レム・コールハースという職業を生きた。おそらく、どんなジャンルでも、仕事を拡張し、新しい領域を開拓すれば、固有名詞が職業になる。職種はいくらでも増えていく。

　『建築学生のハローワーク』は、筆者が学生のときに読みたかった本でもある。

contents

改訂増補版によせて ……………………………………………………… 003
はじめに
建築家以外にも、100通り以上の生き方がある　五十嵐太郎 ……… 004
52の職種マップ ……………………………………………………………… 010

設計に自信がある ……………………………………… 012

| 01 | 建築士（ゼネコン・組織設計事務所の意匠設計部門） ………… 014
| 02 | 建築家 …………………………………………………………… 020
| 03 | 構造設計者 ……………………………………………………… 026
| 04 | 設備設計者 ……………………………………………………… 032
| 05 | ファサードエンジニア ………………………………………… 042
| 06 | 工場設計者 ……………………………………………………… 050
| 07 | ランドスケープアーキテクト ………………………………… 052
| 08 | 土木デザイナー ………………………………………………… 060
| 09 | 照明デザイナー ………………………………………………… 062
| 10 | 音響設計・コンサルタント …………………………………… 068
| 11 | 店舗開発・設計者 ……………………………………………… 074
| 12 | インテリアデザイナー ………………………………………… 076
| 13 | 家具デザイナー ………………………………………………… 078
| 14 | キッチンデザイナー …………………………………………… 080
| 15 | 保存・修復建築家 ……………………………………………… 084
| 16 | 映画美術監督・デザイナー …………………………………… 086

Interview
ゼネコン設計部で働く伝説のコンペキラー　宮下信顕 ………… 016
人が人を呼ぶ前向きな提案力　谷尻 誠 ……………………………… 022
京都から発信する、構造設計のエッジ　満田衛資 ………………… 028

省エネ、信頼性、国際化。拡張する設備設計の可能性　三由 賢 —— 034
ガラスファサードのエキスパート　松延 晋 —— 044
「かたち」をつくる人から「しくみ」をつくる人へ　山崎 亮 —— 054
人の行為から明かりを解く照明デザイン　角舘政英 —— 064
緻密なプロセスから得るダイナミックな効果　小野 朗 —— 070

企画・運用は大切だ　088

| 17 | 都市計画者 —— 090
| 18 | ディベロッパー —— 092
| 19 | アセットマネジャー —— 098
| 20 | コンストラクションマネジャー —— 102
| 21 | プロパティマネジャー —— 108
| 22 | ファシリティマネジャー —— 114
| 23 | 建築計画者 —— 120
| 24 | 建築プロデューサー —— 126
| 25 | イベント・空間プロデューサー —— 132
| 26 | 福祉住環境コーディネーター —— 140
| 27 | リフォームアドバイザー —— 142
| 28 | 政治家 —— 144

Interview
都市を創るディベロッパーに建築の視点を持ち込む　篠原徹也 —— 094
発注者の立場から建築をマネジメントする　内藤滋義 —— 104
ストック型社会に向け、建築の価値を問い直す　田村誠邦 —— 110
ファシリティマネジメントという空間的経営戦略　松岡利昌 —— 116
建築家をサポートする名脚本家　小野田泰明 —— 122
ヒトとおカネを動かし新しいコトと場を生み出す　広瀬 郁 —— 128
メディアを駆使して建築・都市をつくる　馬場正尊 —— 134

ものづくりの現場で働く 146

- 29 建築現場監督 148
- 30 大工 156
- 31 左官職人 162
- 32 庭師 164
- 33 家具職人 166

Interview
世界で通用するプロジェクトマネジャーを目指して　正光俊夫 150
材料を吟味し、木造りから自分の手で　村上幸成 158
構造エンジニアとしてのアプローチから斬新な木工家具をつくる　野木村敦史 168

建築をサポートする 174

- 34 コストプランナー（積算・見積り）176
- 35 地質・地盤調査員 182
- 36 CADオペレーター 184
- 37 CG制作者（レンダラー）186
- 38 ソフトウェア開発者 188
- 39 建築模型制作者 192
- 40 秘書 194
- 41 確認検査員 196
- 42 意匠審査官 198

Interview
受注から施工まで、トータルな視点でコストを見極める　落合雄二 178

研究・教育・文化を盛り上げる 200

- 43 大学の研究者 202
- 44 研究員（行政関連の建築技術研究所）208
- 45 研究員（民間の建築技術研究所）210
- 46 高等学校教諭 212
- 47 学芸員 214

48	建築写真家	220
49	建築評論家	222
50	新聞記者	228
51	建築ライター	230
52	編集者	232

Interview
折り紙から新しい建築を創造する　舘 知宏 —— 204
建築と都市をつなぐインディペンデントキュレータ　寺田真理子 —— 216
建築を軸に置きつつ発想するプロジェクト・プランナーという職業人　真壁智治 —— 224
地方都市から建築文化を発信する　森内忠良 —— 234

海外で働く　238
Interview
ドバイから期待される「MADE IN JAPAN」の価値　丸山剛史 —— 240
北京を生き抜くタフな建築作法　迫 慶一郎 —— 246
グローバリズムに対応する強靭な設計力を鍛える　豊田啓介 —— 252

建築以外のジャンルに興味あり　258
Interview
平和を構築する　伊勢崎賢治 —— 260
実空間にはない世界をつくりたい　渡邉英徳 —— 272
ゼネコン勤務を経てスピリチュアリストに転身　暁 玲華 —— 278

Column
ニワトリと卵と設計事務所　松田 達 —— 038
素材や製品から建物をつくる　納見健悟 —— 048
独立10年、「普通」の先の建築へ　星 裕之 —— 082
長期のビジョンを持ち不動産で収益を上げる　加藤 純 —— 100
BIMはパラダイムシフトを起こすか？　納見健悟 —— 154
資格って、いっぱい取ればいいの？　五十嵐太郎 —— 172
アルゴリズム的建築がソフトウェア開発も促す？　松田 達 —— 190

略歴 —— 284
取材協力／写真・図版クレジット —— 287

52の職種マップ

プロジェクトは企画・設計・施工を経て形になり、運用されます

07 ランドスケープアーキテクト

10 音響設計・コンサルタント

09 照明デザイナー

02 建築家

15 保存・修復建築家

12 インテリアデザイナー

11 店舗開発・設計者

17 都市計画者

23 建築計画者

13 家具デザイナー

18 ディベロッパー

24 建築プロデューサー

19 アセットマネジャー

28 政治家

25 イベント・空間プロデューサー

20 コンストラクションマネジャー

21 プロパティマネジャー

22 ファシリティマネジャー

26 福祉住環境コーディネーター

27 リフォームアドバイザー

建築の使い方を考えるよ

企画・運用

みんなを盛り上げるよ

42 意匠審査官

48 建築写真家

49 建築評論家

50 新聞記者

51 建築ライター

52 編集者

設計

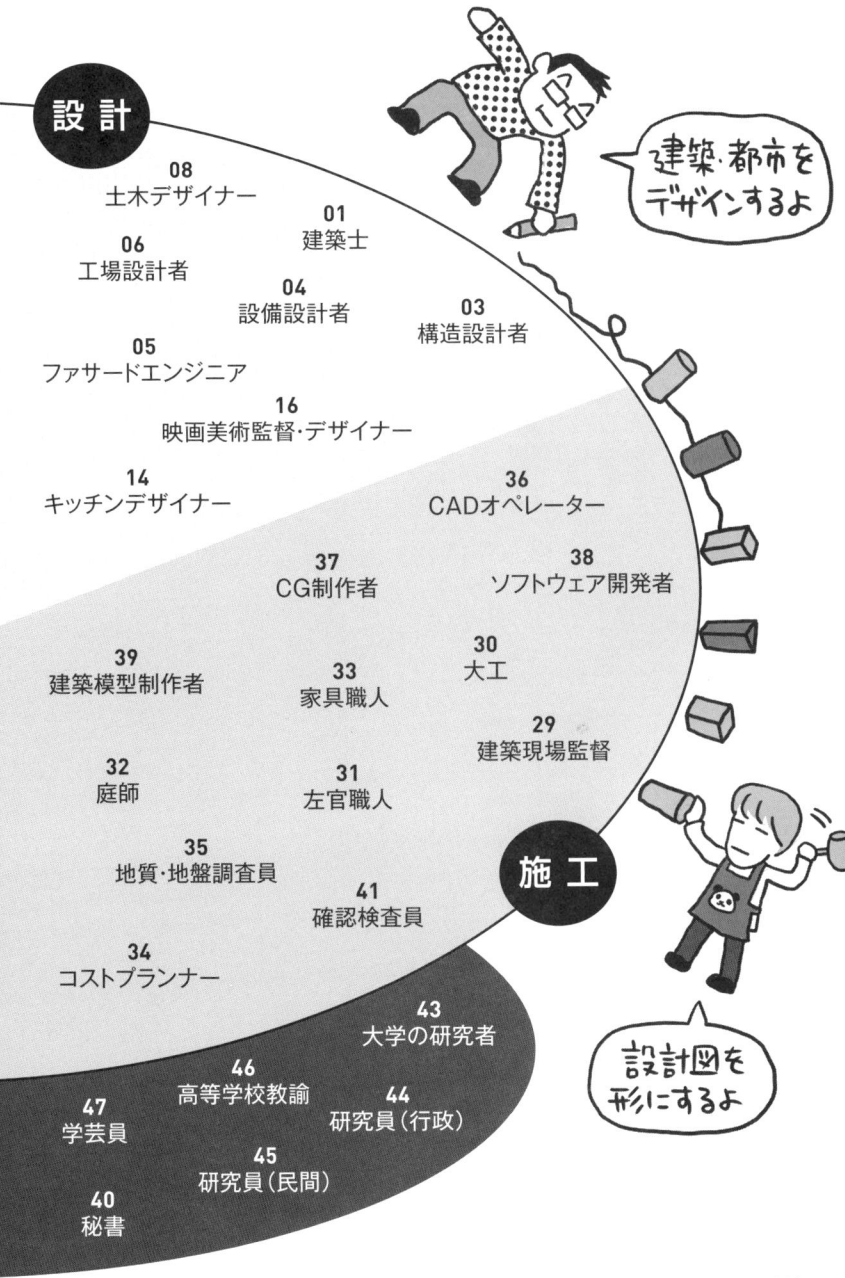

建築・都市をデザインするよ

- **08** 土木デザイナー
- **01** 建築士
- **06** 工場設計者
- **04** 設備設計者
- **03** 構造設計者
- **05** ファサードエンジニア
- **16** 映画美術監督・デザイナー
- **14** キッチンデザイナー
- **36** CADオペレーター
- **37** CG制作者
- **38** ソフトウェア開発者
- **39** 建築模型制作者
- **33** 家具職人
- **30** 大工
- **32** 庭師
- **31** 左官職人
- **29** 建築現場監督
- **35** 地質・地盤調査員
- **41** 確認検査員
- **34** コストプランナー

施工

設計図を形にするよ

- **43** 大学の研究者
- **46** 高等学校教諭
- **44** 研究員（行政）
- **47** 学芸員
- **45** 研究員（民間）
- **40** 秘書

52の職種マップ 011

01-16

設計に
自信がある

建築学科に進んで、誰もが一度はなりたい！
と思うのが、建築家である。
野球でいうなら、ピッチャーであり、
4番打者というべき花形の役割だ。
ただし、基本的に建築は1人では設計できない。
構造や設備の設計、あるいは照明やインテリアのデザイン、
そして音響の計画など、
関連するさまざまな職種が介入し、総合的に空間はつくられる。
家具から土木まで、あらゆるスケールで環境を設計すること。
その広がりをのぞいてみよう。

（五十嵐太郎）

夢を形に!! 設男くん

俺の事務所の仕事は幅広い

家具や照明をデザインすることもあるし

時にはメニューやマッチ箱まで

本当はこの体をデザインしたい

01 建築士（ゼネコン・組織設計事務所の意匠設計部門）

企業で、建築を設計する

　建築士とは、建築士資格を背景とする建築関連職全般を指す言葉だが、ここではそのうちゼネコンや組織設計事務所に所属し意匠設計を担当するサラリーマン建築士を紹介する。

　クライアントの要望を聞き、敷地を読み、図面を描くという大きな流れはどんな設計者にも共通する。特徴は、大規模な建築を主に扱うこと。そして企業に属するものとして、信用を壊さず建築を抜かりなく仕上げる必要があることだ。そこで問われるのが、バランス感覚と、多岐にわたる関係者をまとめるマネジメント能力である。

　ゼネコンで働く建築士の特徴は、技術や建設コストから建築を発想する力に長けていることだ。日本のゼネコンは伝統的な大工棟梁の仕組みを受け継いでおり、設計施工を一括して請け負うことが多いためである。設計にある種の制約がある一方で、技術的な裏付けのある仕事ができる利点がある。また、アトリエ系設計事務所などの技術的バックアップという位置付けで仕事をすることもある。

　一方の組織設計事務所だが、ゼネコンとの大

きな違いは、施工が別会社になる点だ。そのため組織設計事務所には設計図通りにつくられているか監理する部署があり、これがクオリティコントロールの要となっている。公共工事を扱うことが多いが、これは公共の仕事では設計施工一貫での受注が禁止され、ゼネコン設計部の入るすきがほとんどないためだ。

　両者ともに、オフィスビル、教育施設、集合住宅などビルディングタイプごとに部署が分かれ、状況や希望に応じて異動がある。企業規模により仕事のスケールや内容、待遇面に差があるため、学生の就職希望は大手に集中する。大手に就職するには、学歴が重要となる面もある。一般公募での採用が行われる会社も多いが、大学ごとに採用枠があり学内での選抜を経て教員の推薦状を入手することが就職プロセスの要となることもある。大手ゼネコンや組織事務所では、模型制作やプレゼン資料作成などのアルバイト採用も多数。そのまま就職につながることはほとんどないが、雰囲気を知っておくことは有効だ。　　　　　　　　　　　　（平塚 桂）

●主な就職先：ゼネコン（鹿島建設、清水建設、竹中工務店、大林組、大成建設など）。組織設計事務所（日建設計、日本設計など）。
●就職方法：一般公募や大学推薦に応募。
●必要な資質：バランス感覚、協調性、粘り強さ、コミュニケーション能力、マネジメント能力。
●関連資格：1級建築士。

Interview

ゼネコン設計部で働く伝説のコンペキラー

宮下信顕(竹中工務店 東京本店設計部)

　2人の叔父が建築家で幼いころからアトリエの雰囲気に親しんでいた宮下信顕氏にとって、建築設計の仕事は身近な存在だった。自然の成り行きで大学の建築学科に進学したが、特に熱心に取り組んだのはアイデアコンペへの応募である。「このカップめんにお湯を注ぐ時間で線を1本引ける、と食べる時間も惜しんで頑張りました。今より15kg以上もやせていたのです」。ピーク時の応募数は年間21本。入賞率は約4割と、圧倒的な戦績である。そのコンペキラーぶりによって有名建築家に顔を覚えてもらうこともあったという。

　一方で、アトリエ系建築設計事務所でのアルバイトにも学部の2年次から通い続けていた。当時の自分を振り返り「極端なほどのアトリエ志向でゼネコンと組織設計事務所の違いもわからなかった」と語る宮下氏は、当初、卒業後もそのままバイト先に就職したいと

みやした・のぶあき
1972年、長野県生まれ。1995年、東京理科大学理工学部建築学科卒業。1997年、同大学大学院修士課程修了、竹中工務店入社。現在、東京本店設計部課長。学生時代よりアイデアコンペに参加して40点以上入賞。担当したAGC（旭硝子）のモノづくり研修センター（2006年）は日本建築学会2008年作品選奨等、国内外から18件の表彰を受けた。1級建築士。

　考えていた。しかし当時は圧倒的な建設不況の時代で、プロジェクトが激減。アトリエで下積み生活を送るよりも、大きな組織のほうが自分のデザインを実現するチャンスが高いのではと考えるようになった。そこで建築家やアトリエに勤める先輩に相談したところ、竹中工務店の名前が出てきた。これが入社するきっかけである。

　宮下氏は竹中工務店が手掛ける建物に「東京タワー」「有楽町マリオン」といった、都市を象徴するような作品が多いことに気付き、「その建物がなければ都市の文化が欠落してしまうような、街にインパクトを与える大きな建物を手掛けられれば」と入社を決意した。自分が応募していたコンペの入賞者たちに、竹中工務店に勤務する先輩が複数存在することも決め手となった。

　1年間の研修を経て工場や倉庫の設計に携わるグループに配属さ

石塚電子のワールドテクノロジーセンター（2000年）

れた宮下氏にチャンスが訪れたのは、入社2年目の12月。「当選したらお前に任せる」と上司から後押しを受け、石塚電子のワールドテクノロジーセンターのコンペに勝利した。学生時代に取り組んだ3次元CADの研究を発展させたベジェ曲線で囲まれた建物だ。しかし実施設計の段階になると、すべてのファサード面の曲率が異なる建物は施工性も悪く、実作のない宮下氏にとっては難題だった。そこで頼りになったのが、大手ゼネコンならではの技術的なバックアップだ。「複雑な構造解析をはじめ各分野の専門家が社内にいて、困ったときは相談できるんです。社内のネットワークの意義や、みんなで協力しながら建築をつくる楽しさを知りました」。

　宮下氏がこれまでかかわってきたのは研究所やオフィスを中心とする、会社の成長の根幹にかかわる施設である。こうした施設では

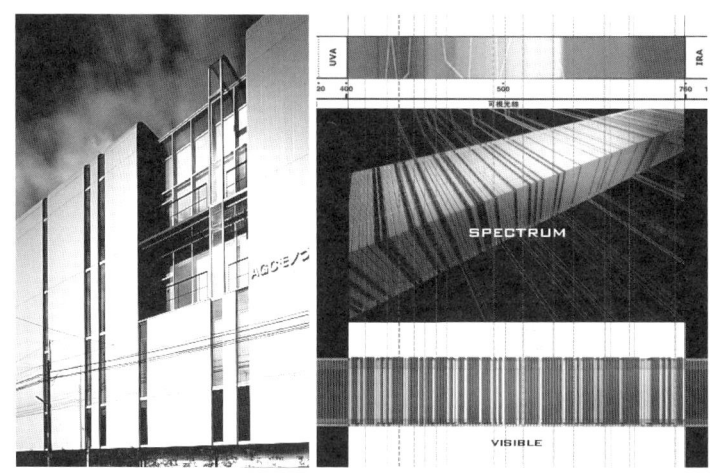

左：AGC（旭硝子）のモノづくり研修センター（2006年）。右：同コンセプト図。宮下氏が学生時代に着想したイメージをもとに描かれた

　コストも厳しく、そして何より早い完成が求められる。説明会からコンペ提出締切まで1カ月というのはざらである。それまでに厚さ2cmを超えるような提案書に加え、見積りや構造計算まで必要だ。
　その1つの例が、AGCモノづくり研修センター（旭硝子）だ。「コンペ説明会の1年後には、施設を稼働させるスケジュールでした」。スタートは、昼休みに30分で起こしたCGのドローイング。学生時代にスタディしていた、光のスペクトルをモチーフとする案である。これが全体を貫く明確なイメージとなり、完成までの各フェイズでの判断に役立てられ一気に走り抜くことができた。「多くのアイデアコンペへの挑戦は、現在もとても役立っています。多彩なビルディングタイプの仕事が動くゼネコンだからこそ、アイデアの引き出しを使うチャンスがたくさんあるのです」　　　　（取材・文＝平塚 桂）

02 建築家

ジレンマを抱えつつ
メッセージを発信する

　日本では、建築家の定義はあいまいだ。西洋では古代ギリシャに源流を持つ歴史の長い職業だが、日本に輸入されたのは明治時代。原語は諸芸を統合し原理を与えるもの、という抽象的な意味を持つ。広い知識と教養を背景に建物を設計する技術者兼芸術家、というのが西洋における建築家像だ。この概念を根付かせ地位を向上させるため、建築家たちは日本建築学会の前身となる造家学会の設立（1886年）以後、プロレス団体のごとく分裂・改組を重ねながら苦闘してきた。

　こうした建築家団体の目指すところは、平たく言えば建築家が医師や弁護士のように広く職業を理解され、尊敬を受けることだ。ところが日本では「デザインを優先して機能をおろそかにする勝手なアーティスト」との偏見も根強く、職業に対する認識はあやふやだ。評価が定まらない理由のひとつに、決定的な資格がないことがある。国家資格である建築士は建築関連技術者を広く対象とし、建築家としての能力を担保するものではない。代表的な建築家団体の日本建築家協会（JIA）は建築家の統一資格制度を

つくる礎として2003年に登録建築家という認定制度を設けたが、まだ着地点は見えていない。

専門家の間で建築家という場合、アトリエ系建築家を指すことが多い。アトリエ系建築家とは、利潤よりも社会的メッセージや作品性を追求する傾向を持つ建築家である。事務所の規模は大きくて100名程度。独立した活動を行いつつ大学で教鞭をとる者も多い。

アトリエ系建築家として成功するシステムはかなり確立している。設計教育に定評のある有名大学に入学し、著名建築家からの指導を受け、アトリエ系設計事務所でのオープンデスク（基本的に無給のアルバイト）に通う。就職先もアトリエが主流。薄給と激務に耐えつつ数年間の実務経験を積んで独立するケースが一般的だ。海外の有名アトリエや建築家教育で名高い大学に行く方法もある。そして名のあるコンテストで賞を取り、専門誌などのメディアに取り上げられることが評価に直結する。認定制度があいまいな日本では、メディアを意識した活動を行い、建築家同士の徒弟制度に頼ることが有効なようである。　　　　　　　　　　（平塚 桂）

●主な就職先：アトリエ系設計事務所。
●就職方法：アトリエ系設計事務所への就職は、ウェブサイトに公開される募集を見て応募するというケースが増えている。研究室の先生や先輩などの紹介による口コミも根強いパターンだ。
●必要な資質：デザイン能力。独創的なアイデアを出し、言葉で説明する力。激務に耐え得る体力。仕事を取る上での有力なコネ。
●関連資格：建築士（1、2級）。登録建築家。

Interview

人が人を呼ぶ
前向きな提案力

谷尻 誠（建築家／SUPPOSE DESIGN OFFICE）

　30代前半の若さで50軒余りの建築作品を手掛けた谷尻誠氏。広島を拠点に、住宅や商業施設を中心としながら、デザインタイド・トーキョーの会場構成など活動の幅が広がっている。

　谷尻氏は、いわゆるアトリエ系事務所の出身ではない。独立前に勤務したのは、建売住宅を中心に扱う事務所である。「建売の仕事はパズルゲームのようだった」と振り返る谷尻氏は、与条件通りに図面を描き、ひたすら確認申請を通すような仕事に方向性の違いを感じ、26歳の1年間は好きなことだけをしようと退職する。

　独立当初は知り合いのツテで下請けの図面制作などを手掛けていた。しかし「とにかく早く仕上げることを求められているのに、つい提案をしてしまう」性分により下請けに不向きなことに気付く。そこで焼き鳥屋でアルバイトをしながら、知人の紹介から店舗デザ

たにじり・まこと
1974年、広島県生まれ。1994年、穴吹デザイン専門学校卒業。本兼建築設計事務所、HAL建築工房を経て2000年に独立し、SUPPOSE DESIGN OFFICE設立。受賞歴に2003年JCDデザインアワード新人賞、福岡県美しいまちづくり建築賞ほか多数。現在、穴吹デザイン専門学校特任講師、広島女学院大学客員教授。

インの仕事をスタートする。「1年間で10軒くらいの店舗を手掛けました。ノウハウもないのでいろいろな方に話を聞いたり、ほかのお店を見たり、勉強しながらつくったんです」。

そして舞い込んだ初めての住宅の仕事。これを完成させた谷尻氏は、2日間限定でオープンハウス兼家具販売のイベントを行う。「多くの方に見てもらわないと意味がないと考えて、家具屋を運営する友人に頼んで家具を持ち込み、DMで告知しました」。動員数は300人。ファッション関係者や家具に興味を持つ人など、建築の枠組みを超えた幅広い客層が集まった。

オープンハウスは現在まで、ずっと続けている。その理由を谷尻氏は「仕事を取るためというより、伝える手段」と説明する。情報を伝えるメーリングリストの登録者数は芋づる式に増え、現在約

ギャラリーと店舗を併設した住宅「florist gallery N」2007年。RC壁を屏風のように折ることで、大きな開口部を実現している

2,000人。ある種のファンクラブのような情報網ができているようだ。

　広島中心市街の店舗デザインから出発し、徐々に活動エリアは拡大した。現在は関東圏から四国、九州など、多彩な地域でプロジェクトを持っている。「どこから依頼があっても、断ることはないですね。気候や生活習慣が異なる場所で仕事をするのは面白い。いろいろな場所で仕事をすると大変そうに見えるようですが、逆にお施主さんと濃いコミュニケーションが図れることもあります」。

　そして予算や敷地条件によって仕事を選ぶこともない。「ローコストなら、ローコストでできることを探します。予算が少ないからこそ条件が明確になる可能性もあるし、名作住宅を生み出すきっかけになるかもしれない」。どんな悪条件でも何か長所を見つけ、時

「西条の家01」2007年。現代版竪穴式住居

には思わぬ方向から前向きな解決策を"サポーズ"する。印象的な答えを導き、そして活気ある仕事のやり方を広く伝える姿勢の背景には、スポーツの経験がある。「中学、高校とバスケットボールをやっていたのですが、やはり魅力的なプレーをすればお客さんは集まってきます。建築も同じで、1軒ごとにファインプレーをすれば、次を期待してもらえるプレーヤーになれると思うんです」。

およそ10人のスタッフは、下は20代前半から上は30歳程度。ほぼ全員が事務所の近くに住み、熱心に働いている。谷尻氏が事務所でよく言うのは「決めないことを決める」ということだ。限界を決めず、まずは挑戦してみる。集まるスタッフも、飛び込みで入所した、勇気と情熱を持つ者が多いそうだ。

（取材・文＝平塚 桂）

03 構造設計者

姉歯事件以降、 で事情が変わった専門職

　建築の設計者(意匠設計者)と打ち合わせの上、構造計画を提案し、構造図や構造計算書等の構造設計図書を作製する専門家である。職場は構造専門の設計事務所、ゼネコンや組織設計事務所の構造設計部門だ。

　構造設計事務所の場合、クライアントは建築家である。ゼネコンなどの場合は、同じ会社の意匠設計担当部門と協働する。建物の安全性はもちろんのこと、建設コストを意識した構造計画が期待される場合が多い。

　アトリエ系建築家と組む場合、作品性を高めるための構造のアイデアが求められることが多く、必ずしもコスト重視とは限らない。設計の初期から相談を受け、共同設計者のような働きをする。提案した構造システムが建築の形に影響を与えることも多々。しかしこうした仕事は、どちらかというと特殊である。

　学校では、必ずしも建築構造を専門的に学ぶ必要はない。構造に関する先端的な研究と実務は直接的に関係することはあまりない。ただし論理性や数学的なセンス、力学の基礎知識は必要だ。現在の構造計算システムでは、ソフトウェ

アの使い方さえ覚えれば解が出る。しかしミスを防ぎ、目的に応じたバランスの良い構造計画を提案するためには、最適解を導き出す能力や冷静な判断力が問われる。

　学生の間に実務に触れる機会はあまり設けられていないが、求人自体は増えている。以前はゼネコンなどに就職してもごく限られた人材しか構造設計の職には就けなかったが、門戸が広がっている。これには構造計算書偽装事件の影響で建築基準法が変わり、作製する書類が増えたことも影響している。また、建築士法も改正され、一定規模以上の建築物の構造設計に際して、関与することが義務付けられた資格として、構造設計1級建築士という専門資格が加わることが決まり、2009年5月から、その制度がスタートした※。この資格の登場により専門性の高い技術職として広く認知されつつあるが、受験資格は1級建築士として5年以上の構造設計に関する実務経験を積んだ者に限られハードルはかなり高い。　　　　　　　　　（平塚 桂）

※改正建築士法は2008年11月28日の施行。

●主な就職先：ゼネコン、組織設計事務所、構造設計事務所。
●就職方法：ゼネコンなどの場合、一般公募に応募。大学を通じて半ば推薦のようなかたちで就職が決まることが多い。小規模事務所の場合、直接連絡する。
●必要な資質：論理性、数字や物理（力学）のセンス、冷静な判断力、コミュニケーション能力。裏方として建築を支えるため、モチベーションとして建築が好きであること。
●関連資格：建築士（1級、2級）、構造設計1級建築士。

Interview

京都から発信する、構造設計のエッジ

満田衛資（構造家／満田衛資構造計画研究所 代表）

　満田衛資氏は今京都で注目の構造設計事務所を率いる構造家だ。佐々木睦朗構造計画研究所で7年のキャリアを積んだ後、独立して3年目である。

　学部4年から大学院まで建築構造学の研究室に所属した満田氏は、一方で建築のデザインに対しても強い関心を持ち続けていた。「学生時代から、自分が好きだと思える建築にかかわる仕事がしたい、と漠然と考えていました。建築なら何でもいい、というのではなく、それこそ建築雑誌に登場するような」。

　しかし当時は、構造設計の実務について地方の学生がキャッチできる情報は限定されていた。そこで満田氏は修士課程の1年目が終わるころ、体当たりでの就職活動を行う。京都から東京に出向き、およそ1週間でゼネコンと組織設計事務所、佐々木睦朗構造計画研

みつだ・えいすけ
1972年、京都府生まれ。1997年、京都大学工学部建築学科卒業。1999年、同大学大学院工学研究科建築学専攻修了後、佐々木睦朗構造計画研究所入社。2004年、同副所長。2006年、満田衛資構造計画研究所設立。第22回JSCA賞新人賞受賞。現在、京都精華大学大学院非常勤講師。著書＝『ヴィヴィッド・テクノロジー』（共著、学芸出版社）。

究所など複数のアトリエ系構造設計事務所を訪問。そして佐々木睦朗氏との面談を経て、1年後の入所が認められる。

　大学院の修了後、晴れて入所した満田氏は、その後7年の勤務期間で数々の名建築が生み出される瞬間に担当者として立ち会うことになる。担当した建築は、まつもと市民芸術館（2004年）、北方町生涯学習センターきらり（2005年）、トレド美術館ガラスパビリオン（2006年）など、有名建築ぞろいだ。

　「特に緊張感があるのは、建築家との打ち合わせです。その場で建築の形が決まるので、所員もぼさっとしてはいられません。佐々木さんは僕らに『この柱に何トンくらい荷重が掛かってるの？』と矢継ぎ早に聞く。所員はその場で電卓を早く正確に叩かねばなりません」。長いときは4、5時間に及ぶ打ち合わせ。そこでは構造の

事務所には意匠系や情報系出身のスタッフも所属している。「入所後に学ぶことがほとんどなので、ある一定以上のレベルがあれば、構造系出身にはこだわらない」

解き方もデザインと一体となって進化し続ける。

　当初は目の前の仕事で手いっぱいだった満田氏だが、入所3年目ごろからは佐々木氏が何を考えどのような結論を導くかを、強く意識するようになった。6年目からは副所長という役職に就き、所員のリーダー格としての責務も担った。

　就職前から独立を視野に入れていた満田氏は、7年目に退職して故郷の京都に事務所を構える。「独立は前事務所でのキャリアが生かしやすい東京でのほうが無難ですが、京都でやってみたい気持ちのほうが強かったんです。京都は伝統的なものが存在する一方、常に新しいものが生み出されてきた。でもなぜか建築の分野では、近年新しいものが実現されにくくなっているように感じます。これは建築家や法規のみに帰する問題ではなくて、構造家の立場からも地

満田衛資構造計画研究所が構造を担当した「カタガラスの家」(建築設計=武井誠+鍋島千恵／TNA、2008年)。風車状に配置された4枚の壁と螺旋状にレベルを変えながら配置される床を外周のカタガラス壁が囲う構成のRC造住宅。厚さ180mmで統一された壁と床が、繊細な意匠との一体感を与える

道な努力で改善できると思うんです」。

　開設当時はおよそ8：2で東京の仕事が多かったが、現在は約半々。地元の建築家との仕事もあれば、東京の建築家による関西での作品を担当することもある。月に3回程度東京へ出張し、一度の訪問で複数の打ち合わせや現場チェックを行う。

　一方でブログにより仕事内容を紹介し、事務所に関する詳細なウェブサイトも開設。そして関西圏の構造設計事務所では珍しく、オープンデスクの募集も行っている。

　「学生時代や就職活動の経験から、僕自身は活動内容を学生にも届けようと意識しています。オープンデスクの募集は、構造設計志望者に限らず、その実務に触れたい学生のための場を提供するという意味合いが強いですね」　　　　　　　　（取材・文=平塚 桂）

04 設備設計者

理科的な視点から、建築を進化させる技術者さん

　設備設計者の仕事は、機械系と電気系に大きく分かれている。機械系の担当者は、主に建築学科出身者、特に空調や衛生など環境系の研究室出身の者が多く、電気系の担当者は、電気工学科など電気系出身者が中心である。

　機械系の技術者は、空調と衛生を担当する。空調とは、エアコンや換気扇まわりの配管やその熱源。そして衛生はトイレやキッチンまわりの給排水を指す。電気系の技術者は、電気系統を担当する。電気系は、強電と弱電に分かれている。強電とは変電設備や照明管制塔といった電気系統の根幹部分を指す。弱電とは電話やインターネットなど、末端部分である。

　設備設計の仕事の流れは、意匠設計に近い。意匠担当者が描いた大まかな設計図を基に、パイプシャフトや室外機などの位置を決め、配管やダクトの系統を考える。必要な空調負荷や電気容量の中に納まるように計算し、仕様を決め、図面を引く。見積りを出し、性能を維持しつつ予算内で実現させるため、ＶＥ[※]を行う。納まりについては、意匠担当者、構造担当者との３者で詰めていく。そこではコミュニケーション

能力、特に専門的な話を素人相手に易しく説明する能力が問われる。そして意匠担当者が何を隠したいか、どういう要望があるのか、といった部分をうまくくみ取る必要もある。設備設計士は多忙である。まず、意匠設計に比べ1件当たりの報酬が少ないため、多数の物件を抱える必要がある。そして法規の確認や納まり検討にも時間を要する。確認申請の直前に作業が偏るため、特に申請ラッシュが起きる長期の休み前に仕事が集中することもある。さらに建築基準法改正の影響により、作製する添付資料が増えた。

　仕事の性質上、理科が好きでないと務まらない。そして建築好きであることも重要だ。特に近年は技術面からの発想に期待が高まり、デザインがわかる設備設計者への需要が伸びている。学生時代から建築の至る所に目を向けて、その仕組みに対して疑問を抱くこと。なお設備マンが建築を見る際、特にチェックするポイントは"天井"や"外構部"である。　　（平塚 桂）

※ Value Engineeringの略。工業製品やサービスの製造・提供コスト当たりの価値を最大にするための体系的手法。「価値」「機能」「コスト」の関係を以下の式で表し、「価値」を向上させることを目的とする。
価値（V）＝ 機能（F）／コスト（C）

● 主な就職先：ゼネコン、組織設計事務所の設備部門。設備設計事務所（環境エンジニアリング、総合設備計画、森村設計など）。
● 就職方法：大学の就職課などを通じた求人や一般公募に応募。
● 必要な資質：技術に対する興味があり、かつ専門的な内容を誰もがわかるように説明できること。デザインへの理解力が高いと主に意匠設計者から重宝される。
● 関連資格：技術士（衛生工学部門）、建築設備士、1級管工事施工管理技士、電気主任技術者、エネルギー管理士、1級建築士。

Interview

省エネ、信頼性、国際化。
拡張する設備設計の可能性

三由 賢（日建設計 設備設計部門設備設計部）

　「省エネルギー、ビジネス支援、まちづくりなど、設備設計が対象とする分野は非常に多様化しています。設備設計にはいろんな可能性があり、その中で何か自分が得意なものを見つける、ということもできる」と三由賢氏は話す。三由氏が興味を持ち、得意としているテーマは「省エネルギー、信頼性、国際化」の3つだ。

　1つ目の「省エネルギー」は学生時代から持ち続けているテーマだ。早稲田大学の学部4年次から大学院の修士課程まで尾島俊雄研究室に所属。「環境工学と都市計画の中間のようなこと」に興味があり、今でいうスマートグリッドとも共通する、都市のエネルギー運用に関する研究を行った。そして都市環境や省エネルギーの研究を実践に結びつけたいという気持ちから、設備設計者の道を選んだ。

　2つ目の「信頼性」は入社してすぐに携わったデータセンターの

みよし・けん
1974年、オーストラリア生まれ。1999年、早稲田大学大学院修士課程(建設工学専攻)修了後、日建設計入社。現在、設備設計部門設備設計部主管。金融機関のデータセンターやオフィスビル、中東を中心とする海外プロジェクト等の設備設計にかかわる。1級建築士、建築設備士、LEED AP BD+C。

設備設計に始まる。データセンターとはコンピュータや各種通信装置を集約する施設のこと。災害時や事故時でも運用し続けられる、信頼性の高い設備設計が必要だ。特に金融機関などではたとえ電力の供給が止まっても通常通りに動き続けられるよう、自前の発電機なども備えるという。東日本大震災以降よく話題に挙がる「BCP(事業継続計画)」とも関連するホットな分野だが、三由氏は入社以来「信頼性」にかかわる仕事に縁が深い。

そして最後の国際化。実は三由氏は10歳から14歳までイギリスに滞在していた帰国子女。そんな背景も手伝ってここ数年、三由氏は英語をビジネスのベースとする中東で、オフィスビルなどの設備設計をいくつか手掛けている。

三由氏が設備設計者としての軸足を定めるまでに重要だったと話

「東京ミッドタウン」（統括設計＝日建設計、マスタープランデザイン＝SOM、2007年）

サウジアラビアで進行中の、証券会社や証券取引所が入る高さ200mほどのオフィスビル。中東のスキームは基本的には日本国内で進めているという

すのが2003年から約4年間かかわった「東京ミッドタウン」だ。

　「いろんな用途の建物に接し、ひと通りの仕事の流れを理解して、そして何をどのタイミングで決めるかという見定めと事業者とのコミュニケーションの方法がわかったんです」。

　「東京ミッドタウン」といえばよく知られているように設計だけでも日建設計、SOM、安藤忠雄建築研究所といった複数の事務所がかかわる大規模事業だ。それに加えて非常に短い期間によるプロジェクトだったため、従来とは異なる仕事の進め方が求められた。「実施設計図を描いてゼネコンにつなぐというそれまでの仕事とは異なり、常に設計しながら、かつ工期に間に合うよう調整する、という方法が取られていました」。

　こうしたシビアな状況下で重要なのは、手戻りを減らすこと。そ

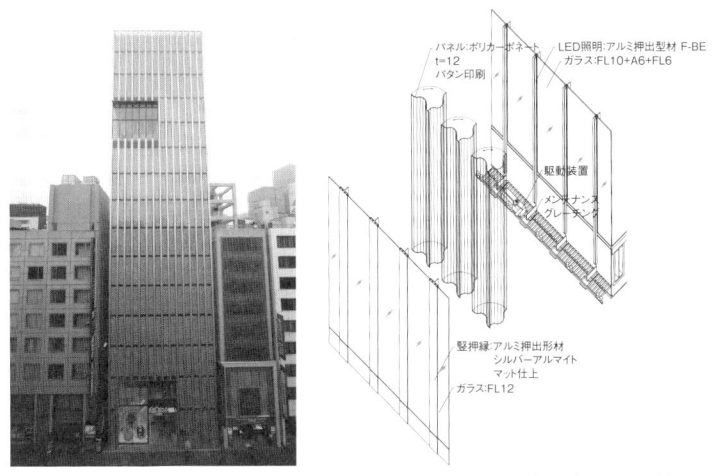

設備設計を手がけた「ポーラ銀座ビル」(設計=日建設計+安田アトリエ、2009年)。ダブルスキンに採光しながら輻射熱をカットするポリカーボネートの可動式パネルを内蔵。ファサードに省エネ効果を持たせた(左:外観。右:ダブルスキンのアクソノメトリック)

のためには空間に影響があるものから順に決定していくことが必要だ。何をどう変えるとどんな物理的なインパクトがあるか把握した上で、適切なタイミングで説明しなくてはならない。したがって設備設計者には空間感覚と、建設工事の手順に対する理解が不可欠だ。

最近の海外での仕事を通じ、今、三由氏が感じているのが設備設計にかかわる技術の国際輸出の可能性だ。「温度制御1つとっても日本のものは緻密です。高い省エネ性能や信頼性を持つ日本のビルは、世界へと発展させるチャンスがある」と、その将来性を語る。「省エネルギー、信頼性、国際化」というテーマと、設備設計者としての普遍的な能力。これらを携えて三由氏は、設備設計の新たなフロンティアをつくり出そうとしている。

(取材・文=平塚 桂)

Column

ニワトリと卵と
設計事務所

松田 達

息をしていてもお金は減る

　これが正直な実感です。設計事務所として独立したばかりだと多少資金はあっても、数カ月、1年と経ち、先輩たちが「大変だよ」と言っていたことを、ようやく身に染みて実感しています。独立指南系の本はいくつか読みました[※1]。独立すると、設計以外にいわゆる経理や営業などやらなければいけないことは増えるのですが、いってみれば仕事がなくてもやることはあるのです。

　設計の仕事だけで食っていくというのは、特に独立したばかりの建築家にとっては至難の業だと思います。いろいろな人に話を聞いても、設計だけでやっていけたという人はなかなかいないようです。隠れてでも、最初の苦しいうちは、副業で生計を補うというのが、わりと現実的なことかと思います。

　副業は多種多様です。大きく2つに分けることができるのではないかと思います。建築に関連する仕事と、しない仕事です。関連する仕事は、例えば、CG制作で稼ぐ、先輩や出身事務所からの図面制作の下請けをする、大学で非常勤講師として教える、原稿を書く、等々。自分の作品をつくることではないかもしれないけれども、日々の小銭を稼ぎ、自分の糧にもなる。原稿を書かせてもらう機会は少なくない方だったかもしれないので、僕のわかる範囲で書くと、原稿料は専門誌ほど厳しいものです。基本的には何かを書くために資料を買う、集める、調べる、考える、書くという一連の作業が、頂

く原稿料を下回ることはないと思っています。それでもこういう機会は大事にしていますが、設計以上にそれだけで生計を維持するのは難しい分野だと思います。

建築と関係のない仕事でも食いつなぐ

　建築と関係のある仕事ができるのは、まだ恵まれているほうかもしれません。建築と関係のない仕事をしなければいけない場合もあります。例えば友人の建築家西田司さん（ON design）は、独立して数年間、夜はホテルの受付のアルバイトを続けていたそうです。コンビニ店員や塾講師のバイトという話も聞きますし、翻訳の仕事で首の皮をつないだという先輩の話も聞いたことがあります。変わったところだと、株で食いつないだという知人がいます。彼は小遣い稼ぎくらいだったのですが、中には元手1,000万円で毎月30万程度稼いでいた人もいたそうです。一番すごいと思ったのは、元ホストの建築家山田幸司さん[※2]。仕事がない時代に設計事務所の名前は立ち上げながら、歌舞伎町の有名なホストクラブにて第一線で働かれていたそうです。そこで稼いだ生活費以外のお金は、最初の決心通りホストをやめるときにすべて散財し、一から建築家として出直したという伝説を聞きました。その後も源氏名で呼ばれると振り返ってしまうというこの建築家に、「君もホストになりなさい」と言われ、源氏名を付けてもらったことがあります。

では仕事はどうやって取るのか？

　これほど一般解のないものはないでしょう。実績がなければ仕事が来ない。仕事が来なければ実績が生まれない。このニワトリと卵のような循環を断ち切るのは容易ではなく、大した経験のない僕は、これに答える立場にありません。でも独立してからの1年を通して、大事だなと思ったことを3つ挙げたいと思います。1つ目は、人に会うこと。自分から人に会いに行くことで、物事が動くことがあるものだと思います。2つ目は、来た仕事は断らないこと。小さな仕事が大きな仕事につながることは多々あると思います。3つ目は、建築家であることを忘れないこと。2つ目と絡みますが、設計につながらない仕事を頼まれたと思っても、それを建築の仕事に変えていくことはできるはずです。むしろ、建築家の領域を拡張するチャンスととらえるべきです。僕はシンクタンクのようなものがあればよいのではと思っていて、それは頼まれたことを長期的に建築の仕事に変換するような装置です。そんなものができるかどうか分かりませんが、考えることをつくることに変換することができれば、さまざまな状況から仕事をつくり出すことができるのではないかと思っています。

※1:『これからの建築士事務所　わかりやすい業務と経営のノウハウ』（東京都建築士事務所協会）、『独立事典（06→07）』（リクルートムック）、『建築知識』2005年6月号「特集:『経営＋営業』裏・成功マニュアル」（エクスナレッジ）、P2の会『建築設計事務所の開き方』（メールマガジン）、湯山重行『最高の建築士事務所をつくる方法』（エクスナレッジ）など。
※2:西田司さん、山田幸司さん（故人）の逸話に関しては、本人の了承を得て、実名にて掲載しました。

05 ファサードエンジニア

素材や構法から建築を攻める新しい職種

　建築の外装設計とコンサルティングを担うファサードエンジニアは、比較的新しい職種だ。構造とスキンで構成された建物が増えた1960年代末から70年代にかけて誕生している。

　ファサードエンジニアには、ヨーロッパとアメリカの2つの源流がある。アメリカではカーテンウォールの現場加工を職人の腕に頼らずに効率よく行うため、工場製作によるユニットを組み立てる構法が一般化。カーテンウォールコンサルタントと呼ばれる独立した職能が設計者とメーカー、あるいは建設会社をつなぐ役割を果たしている。

　ヨーロッパの場合、ファサードエンジニアリングの名付け親でもある構造家ピーター・ライスが発展させた。ポンピドゥ・センター（1977年）などをきっかけにガラスファサードのエンジニアリングの需要を意識したピーター・ライスは、強化ガラスと金物の組み合わせによる点支持（DPG）構法の開発に着手。ノーマン・フォスター設計のルノー社部品配送センター（1982年）で本格的に採用し、パリのラ・ヴィレット公園にある科学産業博物館（1986年）で完成

させた。90年代の初頭にはライスが所属するアラップ（Arup）社内にファサードエンジニアグループが生まれ、現在は独立した職能として確立しつつある。

　日本の場合は以前より建材メーカーの技術者が開口部の実施図面を描く慣習があり、これがファサードエンジニアの元祖といえるかもしれない。一方で職人の腕が良いことが影響し、ユニット式のガラスファサードの導入は遅かった。DPG構法の導入はレンゾ・ピアノ設計の関西国際空港旅客ターミナル（1994年）がきっかけで、ユニット式ガラスカーテンウォールの採用は品川インターシティ（1998年）が最初である。

　会社や仕事によってかかわる範囲は異なるが、大まかに言えば建築全体の設計者との打ち合わせを経て、ガラスやサッシ、構造体などの取り合いや使用する建材を提案し、ファサードまわりの図面を起こす仕事である。職場はガラスメーカー、サッシメーカーの設計部門など。90年代以降は技術者の需要が増えており、今後は特に、構造系、環境工学系専攻の学生が要望されている。　　　　　　　　　　（平塚 桂）

●主な就職先：Arupのファサードエンジニアリング部。ガラスメーカー（旭硝子、日本板硝子）やサッシメーカー（YKK AP、新日軽、トステム）の設計部門など。
●就職方法：大学の就職課を通した求人や一般公募に応募。
●必要な資質：建築の構造やエンジニアリングに対する理解力や理数系のセンス。

Interview

ガラスファサードの
エキスパート

松延 晋（Arup Japan アソシエイト）

　松延晋氏はガラスのエキスパートとして1990年代以降、数々の有名建築にかかわってきた。最初の就職先は日本の3大ガラスメーカーの1つ、日本板硝子。その志望理由は、建築デザインの将来を見越したものだった。「学部生のころ設計課題で、大きなガラスファサードの建物を設計したくても、何をどう図面に描いたらいいのかわからなかった。このとき抱いた疑問から、ガラスを知っているとこれからの建築界で強みになるのでは、と考えました」。

　当時の学生に人気だったのはシーザー・ペリやI.M.ペイによるガラスの大建築。学生時代は設計も好きだったが「将来の進路にはこだわらず最先端の研究に触れたい」と川越邦雄研究室で、鉄骨構造の耐火について研究した。同じ研究室からは官公庁や防災機器メーカーなど建築設計とは直接関係のない職場に進む者が多かった

まつのぶ・すすむ
1961年、福岡県生まれ。1985年、東京理科大学理工学部建築学科卒業。1987年、同大学大学院理工学研究科建築学専攻修士課程修了。日本板硝子大阪支店（1987～96年）、日本板硝子D&Gシステム・アジア社（マレーシア、1996～99年）、日本板硝子建築硝子部（1999～2004年）を経て、2005年よりArup Japan勤務。

が、松延氏は設計との関連性は保ちたいと考えた。

配属先は建築系の営業部門。建築設計者への技術提案を含むガラス建材の営業の仕事だ。「最初から、かなり重宝されました。設計者が何を求めているかわかるから、素早く的確にレスポンスすることができるんですね」。

まわりは機械や電気、化学系出身者がほとんどで、会社の先輩から「なぜ建築からうちの会社に？」と聞かれることもしばしば。まだガラスメーカーに建築出身者が少ない時代だった。若くして大きな仕事を任されるようになった松延氏は、関西国際空港旅客ターミナルという社運を懸けたプロジェクトの担当者として抜擢され、コンペの勝利者がレンゾ・ピアノに決まった後すぐにジェノバの事務所へと飛んだ。そこで詳しい設計意図の説明を受け、日本に導入さ

レンゾ・ピアノ・ビルディング・ワークショップ・ジャパン「関西国際空港旅客ターミナル」1994年。エアサイドのカーテンウォールは、日本板硝子とYKKが共同開発し日本特有のセミユニットを実現した

れていない点支持（DPG）構法の採用を考えていることを知らされる。

　松延氏はすぐに会社に技術開発の必要性を訴えたが、対応が遅れてライバル会社にピーター・ライスの持つDPG構法のライセンスを取られてしまう。日本板硝子は旧知のピルキントン社（現在は日本板硝子と合併）が持つDPG構法（プレーナー構法）のライセンスを導入し、売り出すことになった。結局予算等の関係により「関空」でのDPG構法の全面採用はならず、エレベータまわりなど部分的に採用されるにとどまったが、DPG構法自体は日本に定着。多くの建物のファサードを彩るようになった。松延氏は、DPG構法が日本に導入される現場に立ち会ったかたちとなった。

　転機となった「関空」以後、松延氏の仕事は営業から開発に近い

「汐留住友ビル」2004年。日建設計がデザインしたアトリウムを実現したガラス構法は、日本板硝子とArup Japanが共同開発した

ものへシフトした。設計者の要望を受けて開発部門へと橋渡しする役割も担い、多くの建築のファサードデザインや新技術の開発、マレーシアでのビッグプロジェクトに対応する海外法人の設立にもかかわった。1999年に帰国した後は15カ月という短工期のプロジェクト、日本科学未来館などを成功に導いた。そして2004年完成の汐留住友ビルをきっかけにArup Japanの複数のエンジニアから誘いを受け、2005年より現在の職場に勤務している。

　Arupといえばヨーロッパにおけるファサードエンジニアリングの父、ピーター・ライスが活躍した会社だ。ファサードエンジニアリングの歴史と併走するかたちで、松延氏の仕事は続いている。

（取材・文＝平塚 桂）

Column

素材や製品から建物をつくる

納見健悟

　建物は実に多くの部材や製品からできており、それを供給する建材メーカーは無数にある。多くの建築学生の就職先でもあり、営業や開発系の部署に採用されるようだ。ひと口に営業といっても、仕様を決める発注者や設計事務所に対する川上側営業、実際に製品を購入して施工する建設会社や専門工事業者に対する川下側営業、自社の製品と建物との納まりを技術的な観点で検討・提案する技術営業などさまざまだ。製品開発やデザイン・提案部門が存在するが、これらは設計や計画で学んだ専門性を活用しやすい部門といえる。

　建材メーカーは、取り扱う製品によって特色が異なる。代表的な建材メーカーの取り組みを紹介しよう。

　エレベータメーカーは、通常、建設会社のもとでエレベータ工事を担当するが、最近では建物の発注者と直接価格交渉を行い、半ば独立して受注するケースも増えてきた。こうした受注方式をコストオン方式と呼ぶが、建設会社を通さず発注者と直接交渉を行うことで、より顧客の需要に柔軟に対応し積極的な受注に結び付けている。

　石材メーカーは、商品を現場に運ぶまでの過程が実にユニークだ。

原産地で切り出した石を人件費の安い中国等で加工を行い、日本へと運ぶ。メーカーというより石材に特化した商社的な役割を果たしていると考えてもいいだろう。

　塗料メーカーのエスケー化研は、建築用途に特化したメーカーだ。建築仕上材は、製品の納品から現場で建物に実際に塗装するまで完成しない「半製品」ならではの面白さがあるという。空間の雰囲気を左右する左官調の難しい仕上げなどは、品質を保つため、製品と施工をパッケージにした「責任施工」というサービスも行っている。

　同社営業の森隆之氏は、会社から公認を得てパーソナリティを盛り込んだユニークなメールマガジンの発行やHPを開設し、顧客から好評を得てきた。単なる企業広告にとどまらなかった点が、ソーシャルメディアにおける公認企業アカウントに通じている。

　建材メーカーも、技術向上や透明化を求める社会の流れから、これまで以上に独立性が求められる場面が増える。直接、顧客と交渉する局面で、自社の製品を通して建設プロジェクトを見わたす視点を持つことができれば、任せられる仕事の幅も広がるはずだ。

06 工場設計者

刺激と将来性が隠されたビルディングタイプ

　工場の設計業務はクライアントの生産技術の根幹にかかわるため、その内容が公開されることはほとんどない。あまり表に出てこないがゆえに地味な印象を持たれがちだが、実は高度かつ多彩な技術がせめぎ合うジャンルであり、将来が期待される分野でもある。

　工場の設計とは、設計者が自社または他社のエンジニアリング部門と、クライアント（製造業の生産技術部門）と協力し、技術的な要請に合わせて生産施設をつくる仕事である。エンジニアリング部門の技術者は、それぞれ薬品、半導体、物流、食品など専門分野に特化した知識を持っており、常にその分野の最新の動向を把握し続けている。さらに工場の設計では、構造や設備面でも先鋭的な技術が要請されることが多い。そのメンバーのコーディネートは設計者が主導的に行い、クライアントもエンジニアも対等な技術者として議論を重ねる。その中で設計者は、常に新しい技術に触れることができる。

　近年は「次世代工場」に対する関心が高まっている。次世代工場とは、環境との調和や地域への開放、消費者への製造プロセスの開示など

を意図する工場である。これまで多くの工場では、人間や外部との接触を最小限にし、閉じたブラックボックスの中で自動的に製品がつくられる仕組みがとられてきた。しかしこれからの工場には、技術や環境配慮をPRするという新たな役割が求められている。次世代工場として、ドイツなどの自動車や薬品メーカーでは先鋭的なプロトタイプが生まれつつあるが、日本ではほとんど未開拓のジャンルであり、設計者が腕を振るう余地はまだまだ残されている。

　大規模な工場の設計ができる会社は限られている。要請される技術に詳しい技術者がいないと仕事自体が受けられないため、こうした仕事に就くためにはエンジニアリング部門を持つスーパーゼネコンに入社するしかない。製造業にとって工場は企業の命運が懸かる生産拠点である。期待される役割も投じられる予算も大きく良いものをつくることが信頼につながる。これは設計者冥利に尽きる仕事である。そして建設技術の停滞が叫ばれる現在、純粋に工学的な動機から建築をつくることができる最後の砦かもしれない。　　　　　　　　　　（平塚 桂）

●主な就職先：大手ゼネコン。
●就職方法：大学推薦や一般公募に応募。
●必要な資質：さまざまな技術に対する興味と尊敬の念を持ち、生産性を優先させながらも、その中で設計者としてのたくらみを盛り込む能力。
●関連資格：1級建築士。

07 ランドスケープアーキテクト

建築的な造形力を
生かすこともできる!?

　多くのランドスケープアーキテクトは、大学で造園系の学科を専攻している。しかし建築系出身のデザイナーも少数派だが存在する。

　ランドスケープデザインは、建築のセンスが生かせる仕事である。まず、建築で鍛えた造形力を生かせる可能性がある。さらに近年、公園などの公共の仕事が減り、建築と密にかかわる民間の仕事が増えている。ちなみに現在のランドスケープ界のトップランナーは、建築家と組んで成功を収めた者が多い。例えば三谷徹は槇文彦と、宮城俊作は栗生明との仕事で評価を高めた。なお土木系、特に景観工学系の設計者も自らの仕事をランドスケープデザインと説明する場合がある。これは河川や橋梁、道路を風景としてきちんとデザインする、という観点から土木を見直すに当たりランドスケープという言葉を活用している、とも解釈できる。

　仕事の流れは、建築の設計に近い。仕事を受注し、図面を描いて、納品する。公共の仕事の場合は、ここで終わり。監理は自治体の公園課などが担当する。民間の仕事の場合は監理まで行う。設計の際、図面とともに模型も制作する。

図面はランドスケープ部分のみ描き起こし、最終的には意匠や設備の図面などとともに施工図としてまとめられる。

必要不可欠の資格は特にないが、1級造園施工管理技士の資格が入札条件として求められることがある。そして2003年よりデザイナーの地位向上を目指し、「登録ランドスケープアーキテクト」という資格制度が生まれている。

設計対象は自治体による公園や緑地整備事業から民間の仕事まで多岐にわたる。特に近年マンション事業では、ランドスケープを看板の1つとして扱うケースが増えている。また、東京都などで屋上緑化を義務付ける条例が生まれたため、それにかかわる仕事も増加。さらに、総合設計制度との関係などから設計作業が複雑化している。そして建築設計に比べると1つの仕事で得られる報酬が少ないため、数をこなす必要がある。設計も工事も最後に回されることが多いため、スケジュールや予算が厳しい場合も。したがって非常に多忙である。　　　（平塚 桂）

●主な就職先：ゼネコンや組織設計事務所のランドスケープ部門（竹中工務店や日建設計など）。アトリエ系設計事務所（鳳コンサルタント、オンサイト、プレイスメディアなど）。
●就職方法：大手の場合、大学の就職課などを通じた求人に応募。中小規模事務所の場合、アルバイトからもぐり込む、というパターンも。
●必要な資質：造形力と植物に対する興味やセンス。建築的な造形力は有効だが、建築設計は"積み木系"。"植え木系"のランドスケープデザインとは違うことに留意すること。
●関連資格：1級造園施工管理技士、技術士、登録ランドスケープアーキテクト。

Interview

「かたち」をつくる人から「しくみ」をつくる人へ

山崎 亮(コミュニティデザイナー／studio-L)

　ランドスケープアーキテクトからコミュニティデザイナーへ。山崎亮氏は、人口減少時代に求められる新しい職能を開拓している。ランドスケープアーキテクトとして働いていた山崎氏は、2005年にstudio-Lという事務所を立ち上げ、ハード（かたち）をつくることの限界に悩みつつ、ソフト（しくみ）のデザインを仕事として確立していく。全国の都市、村落、里山、離島を飛び回りながら、地域の課題を見つけ、人々をつなぎ、住民が自分たちの力でそれを解決できるようにする。その仕事を「コミュニティデザイン」と呼んでいる。一見、建築の仕事と無縁であるように見えるかもしれないが、「この領域にこそ、アイデアとまとめる力を持った建築学科の学生に来てほしい」と語る。

　従来のコミュニティデザインは、ニュータウンの住棟や広場の配

やまざき・りょう
1973年、愛知県生まれ。1997年、大阪府立大学農学部卒業（緑地計画工学専攻）。1999年、同大学大学院農学生命科学研究科修士課程修了（地域生態工学専攻）。エス・イー・エヌ環境計画室勤務を経て、2005年、studio-L設立。現在、京都造形芸術大学芸術学部空間演出デザイン学科教授。技術士。1級造園施工管理技士。著書=『コミュニティデザイン』（学芸出版社）、『ランドスケープデザインの歴史』（共著、学芸出版社）、『震災のためにデザインは何が可能か』（共著、NTT出版）ほか。

置計画といったハードの設計を指していた。しかし山崎氏らの用いるコミュニティデザインは、空間的な設計では解決することのできない現代的な社会問題を解決するための、人のつながりのデザインのことを指している。

　では具体的にどのようなことを行っているのか？　それぞれの地域が持つ問題は異なるので、決してマニュアル化できないといいつつも、大きく4つの段階があるという。第1段階はヒアリング。地域に入る際、10人くらいの人を紹介してもらい、さらに各々が面白いと思う人を紹介してもらっていく。そうすると自然にその街でリスペクトされている人が見えてくる。それを「地域のコンスタレーション（星座）」と呼ぶ。1等星や2等星に当たる人が見えてくるという。第2段階はワークショップ。声をかけた人はもちろん、ま

泉佐野丘陵緑地(大阪、2007年〜)。公園を管理するパークレンジャー養成講座

ちづくりに興味がない人にも集まってもらい、話を聞く。第3段階はチーム・ビルディング。活動のチームをつくり、街における自分の役割を自覚してもらい、活動の準備を行う。第4段階はアクション。具体的な活動の初動期を応援して、閉じた活動になりがちな部分を開いていく。ここまでが長くても5年。そして役割が終われば、そこから去っていくのだという。

　仕事の依頼にはさまざまなタイプがある。いわゆる「まちづくり」だけが氏の仕事ではない。まちづくりを一部とするコミュニティデザイン全般であり、さらに大きなソーシャルデザインの分野であったりもする。例えば公園をつくる際に、ハードにお金をかけるのではなく、むしろ公園をコーディネートする人々のコミュニティをつくるためにお金を使うことを提案する。また高層マンションの開発

2000万円×10年＝
2億円

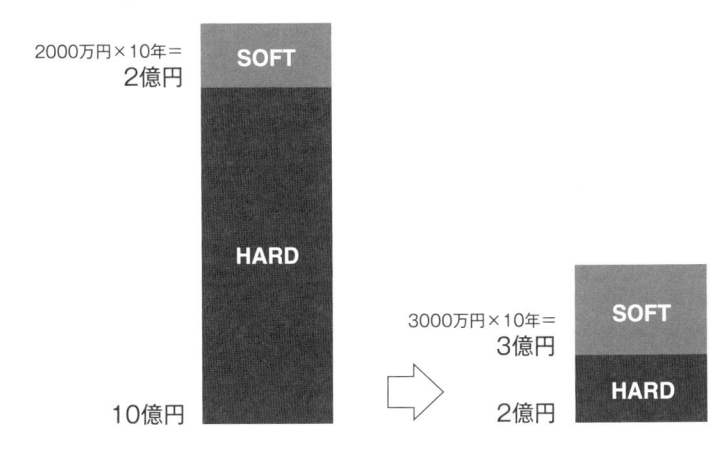

SOFT

HARD

10億円

3000万円×10年＝
3億円

SOFT

HARD

2億円

ハードにかけるお金を圧縮してソフトを充実させる

会社と建設反対住民の間に立って、建物の話はせず、共用の庭の使い方に焦点を絞ることで、解決を図る。あるいは広告代理店と協働し、震災後の避難所におけるさまざまな課題に対して、デザインができることを学生とともに考える。いずれもハードをつくることをやめ、コミュニティについて考えることで、デザインの新しい方向性を見つけ出している。

氏は自らの仕事のルーツとして2人の人物をあげている。1人は生態学的デザインを唱えた造園学者イアン・マクハーグ（1920〜2001年）。もう1人はワークショップを空間デザインに取り入れた造園家ローレンス・ハルプリン（1916〜2009年）。前者はランドスケープを視覚的なデザインではなく、エコロジカルなシステムとして計画する方法論を確立した。後者は早くから利用者の視点や体験を組

大学生による「震災+Design」ワークショップの様子。避難所での課題を整理し、それらを解決するためのデザインを提案する

　み込んだ、住民参加型の外部空間設計を実践してきた。つまり生態学的アプローチと住民参加型アプローチ。その両者をブリッジしたいと山崎氏はいう。確かにハードをつくらない、コミュニティをデザインするという山崎氏の活動につながる。氏の活動は、一朝一夕に生まれてきたものではなかったのである。

　事務所の経営術も面白い。仕事の依頼があると、まずプロジェクトリーダーを決め、全権を委任する。山崎氏はすべてをチェックするボスではなく、むしろプロジェクトの状況に応じて呼ばれたら出ていくヒューマンリソースの1つである。「臨機応変な対応が求められる現場で、判断を『事務所に持ち帰ります』といっていては、次回までに住民のやる気が萎えてしまう。決裁は本人が現場で行わないと仕方がない」。請け負った費用をどう使うかも担当者の裁量

商い力UPセミナー「滋賀のデザインとものづくり」ワークショップの様子。「滋賀でヒト・モノ・場所がつながるコミュニティを見つける」をテーマにアイデアを出し合う

で決められ、使った残りが当人の報酬となる。トップダウン型ではない多焦点型の構造で事務所が運営されている。

　今後は山崎氏らが行うような事業を評価するシステムを構築する人が必要だという。儲かったこと、多くの人が来たということだけが成功の指標ではない。100人に影響を与える1人が参加することをどう評価するのか。小さな成功体験でも別の場所に持っていくことができれば、大きな影響を与えるかもしれない。「1つではなく多様なものさしを持つことがこれからの豊かさであり、そういった評価軸について研究する人がいれば、データを渡していきたい」という。「かたち」ではなく「しくみ」をつくる職業。それを新しいタイプのアーキテクトだということもできるだろう。もちろん建築学科の学生が、力を発揮すべき分野である。　　（取材・文＝松田 達）

08 土木デザイナー

建築と近いようで遠い、その理由とは？

　土木デザインの特徴の1つは、対象が公共物であることだ。スケールが大きく、無条件に風景の一部となり、多くの人に永続的に使い続けてもらえる点が魅力である。

　公共物、ということは、クライアントは役所（国土交通省、都道府県、市町村）である。役所からの発注を受け、その担当者と打ち合わせをしながら計画を立て、設計を進める。道路や街路、河川空間（水際）、河川構造物（水門、ダムなど）や橋梁、まちづくりなど、業務の範囲は多岐にわたる。

　土木の場合、建築設計とは仕事の進め方が大きく異なる。特徴的なのは、委員会形式である。大学の先生や各種専門家が一堂に集まって、最終的な方向性や形を決める。この形式は、大規模なもの、あるいは地域への影響力を持つ計画でとられることが多い。

　デザイナーに期待される役割として一般的なのが「景観検討」と呼ばれる仕事である。これは主に機能や施工性からつくられた設計図に対し、景観やデザインの視点から手を加えることを指す。また、実現を前提とする仕事ばかりで

はなく長期的な計画のベースとなるプランを描くことも多い。公共の仕事では、基本的に年度ごとの入札で仕事が割り振られるため、デザイナーが交代することも、逆に中途段階から参加することもある。監理業務は、別の担当者が行う。したがってデザイナーが、1つの工事全体を見ることは難しい。

　報酬は、入札額やプロポーザル時に提示する見積書等で決まる。そして契約時の業務計画通りに仕事を遂行したかどうか、年度末にチェックが行われる。その根拠となるのが報告書。年度末に分厚い資料や図面をそろえて提出しなくてはならず、これがかなりの負担となる。

　高度経済成長期に、効率重視のシステマティックな設計手法が確立された土木。その傾向に異を唱えるかたちで「景観工学」と呼ばれるジャンルが生まれた。近年は大学でもデザイン教育が重視され、景観工学の薫陶を受けたエンジニアが育ちつつあるが、まだまだ受け皿は少ないのが現状だ。　　　　　　（平塚 桂）

●主な就職先：大手ゼネコンやコンサルタント（オリエンタルコンサルタンツ、大日本コンサルタント、長大、パシフィックコンサルタンツなど）。デザイン事務所（アプル総合計画事務所、小野寺康都市設計事務所、プランニングネットワークなど）。
●就職方法：大手の場合、大学の就職課などを通じた求人に応募。デザイン事務所の場合、アルバイトからもぐり込む、というパターンも。
●必要な資質：いろいろな人とかかわる仕事なので、それぞれの立場から何を求められているか理解する気配りや、さまざまな知識が必要。それに加えて土木デザインに対する自分の考えを持つこと。
●関連資格：技術士、土木施工管理技士（1、2級）など。

09 照明デザイナー

人の心理に訴えかける光のイメージを実現

　照明デザインは、建設業の中では比較的新しい分野といえる。古くはろうそくをともすシャンデリアなどの照明器具自体がデザインされていたが、20世紀に入ってガス灯、電気による照明に移り変わり、照明デザインの領域は空間全体へと広がってきた。現在、照明デザイナーがかかわっている対象は、戸建住宅やマンションをはじめ、ホテルやレストラン、ショップなどの商業施設、オフィスや公共施設のインテリアから外観、また橋などの土木建造物や建物のアプローチなどの外構、さらには街路照明など街の明かりまで、実に幅広い。

　照明デザイナーは、照明器具をデザインすることもあるとはいえ、それがメインの仕事ではない。光そのものをイメージして組み立てることからスタートし、器具やランプの種類、それらの配置や光の当て方などを検討する。求められる雰囲気を醸し出すにはどのようにすればよいか。そこにいる人に落ち着きを与えるのか、インパクトを利かせ高揚感を与えるのか、といったことを考えつつ、設計者のコンセプトや建築物と密接に関係しながら、多くの人の心理に訴

えかけるような光を具体的に実現していく。

　照明デザイナーは通常、設計事務所経由で、建物のプランや形状が定まってきたころに照明デザインの依頼を受ける。設計者との打ち合わせで照明のテーマを決めながら、照明器具の選定や置く個所、光をどのように当てるかを、図面やスケッチで、またコンピュータのグラフィックソフトを用いて描き込み、施工へとつなげていく。工事が始まってからは、製作器具の検査や照明にかかわる取り合い、建築仕上げ材料の確認を行っていく。照明は誰にとっても身近であるが、光には形がない分、イメージを正確に実現するためには、専門知識と経験が求められるのである。

　最近までは照明デザインを専門に行っている事務所は限られており、照明器具メーカー内で専門のデザイン部を抱える企業が多かった。しかし、一般社会にも照明デザインが知られるにつれて仕事の幅も広がり、世界的に活躍する日本発の照明デザイナーも多い。　　　　（加藤　純）

●主な就職先：照明デザイン事務所、照明器具メーカーのデザイン部門。
●就職方法：一般公募に応募。小規模事務所の場合、アルバイトからもぐり込む、というパターンも。
●必要な資質：設計者や施工者とのコミュニケーション能力。最新の照明技術やデザイン動向に敏感に対応できる力。
●関連資格：照明コンサルタント、照明士のほか、カラーコーディネーター、インテリアコーディネーター、インテリアプランナー、建築士（1、2級）など。

Interview

人の行為から明かりを解く照明デザイン

角舘政英（ぼんぼり光環境計画）

　独創的な建築家たちと協議を重ね、これから完成する建物に必要とされる、理想の「明かり」を導き出していく。こうしたプロセスを経る照明計画は、数多く竣工される建物の中で、実はかなり少数である。たいていの建物では、完成までの時間も限られる中で「何とかうまく照明を付けておいて」という注文になることが多い。角舘政英氏は、建築家と協働する照明デザイナーの1人。建築家の考える空間自体を尊重し、その意図をくみ取りながら、決して派手ではないものの温かみのある雰囲気が印象に残る照明を計画する。

　角舘氏は、実務に就く前に大学院に進むと決めたころから、それまであまり重視していなかった建築全般の教養を真剣に勉強し始めた。大学院では、障害者にかかわる温熱環境の研究をする。それは氏にとって、「何が求められていて、どのように最適な環境をつくっ

かくだて・まさひで
1964年、東京都生まれ。日本大学理工学部建築学科卒業、同大学大学院建築学専攻修士課程修了。TLヤマギワ研究所、ライティングプランナーズアソシエーツ(LPA)を経て、1996年、ライトフィールドアーキテクツ設立。2000年、ぼんぼり光環境計画設立。照明家、まちづくりアドバイザー。博士(工学)。1級建築士。

ていくか」という思想のベースになっている。就職時には、ほかの人と違う道をとろうと、照明デザインの世界に入る。照明デザイン会社では新人ながら、第一線の建築家が進める、国際的プロジェクトに次々と参加することとなった。そこで角舘氏は、建築家と同じレベルで思考を共有するプロセスを学んだという。

建築家と協議するときの醍醐味を次のように語る。「建築家は、自分のつくっている空間について、誰よりも理解し、空間を仕上げていくときのプロセスを大事にします。照明というかたちでそこに手を加えていくわけですから、緊張感はありますよ。建築の成り立つ哲学から導かないと答えが出ません」。照明器具の種類やスペックに詳しければ優れた照明デザイナーになれるというわけではない。多くの建築家が、角舘氏に信頼を寄せる理由が垣間見える。

角舘氏が照明デザインを手掛けた「ふじようちえん」2007年（建築設計＝手塚貴晴＋手塚由比／手塚建築研究所）

　また、独立してからは一貫して「人の行為から照明を解く」スタンスを取り続けている。一般に建築照明の世界では、「ベースライト」と呼ばれる光を得るために、天井に埋め込むダウンライトという照明器具を取り付けることが多い。そして、効率的とされる照明器具が場所や用途ごとに画一的に決められてきた。しかし、角舘氏はこうした慣例に疑問を投げ掛ける。そもそも光は何のために必要なのだろうか、と。例えば、勝手が分かっている自分の家では、夜中にトイレに行くとき、明かりはほとんどいらない。公共の施設でも、同じことがいえる。この部屋はこれくらいの明るさが必要だから照明はいくつ取り付ける、と自動的に決まるものではない。角舘氏は真っ暗な状態における人の行為に立ち戻って光のあり方を考えようというのだ。「光があるからこそ、人はものを見ることができる。

富山県富山市八尾にて行われた街並みの照明実験

何を見て、どのように判断するのか。用途はすなわち人の行為です。それに対していかにミニマルに性能を構築できるかを考えています」と語る角舘氏の意識は強靭である。

　角舘氏は現在、単体の建築照明デザインの枠を越え、都市景観やまちづくりに参加するなど、自身のフィールドを広げている。ここでも、建築で考える「人の行為から照明を解く」発想で、道路の両側に均等に照明を取り付けるのではなく、人の行動を見つめ直すことから明かりを考えていく。例えば、建物の窓から漏れる明かりが通り沿いに連続するようになると、街は途端にヒューマンな雰囲気に生まれ変わる。彼はこうした効果について、大学の研究室で分析を進めている。日本の街並みが明かりから変化するときは、すぐそこに来ているようである。　　　　　　　　　（取材・文＝加藤 純）

10 音響設計・コンサルタント

建物の音にかかわる あらゆる要素のバランスを図る

　建築の計画と設計では、「音」のコントロールが求められる場面が多い。ホールや劇場、ライブハウス、録音スタジオはもちろん、集会施設や会議場、体育館・競技場などのスポーツ施設、オフィス、ホテル、バンケットホール、住宅でのホームシアター等々。音の響きを調整したり、あるいは音を防いだりすることで、それぞれの部屋の目的に合う音環境を得られるようにするのが、音響設計・コンサルタントの使命である。

　音は、部屋の大きさや形によって響き方が違う。仕上げ材や扉・窓など建築物を構成するさまざまな部位も、遮音や吸音、反射、拡散など音のさまざまな特性に影響する。そして電気音響と呼ばれる、音響機器の機種や設置場所なども大事な要素だ。さらに、部屋の用途によっては映像や舞台演出などのために特殊な設備が必要なこともあり、これらすべてのバランスをうまく取っていくことが求められる。

　公共ホールでの音響設計を例に挙げてみよう。基本構想では、ホールを含む施設の規模や構成、ホールの性格付けなどについて、音響面からアドバイスを行う。基本設計では、ホール

の配置計画や遮音・騒音防止計画、部屋の形状などの室内音響計画、電気音響設備のシステム計画などを進める。実施設計に入ると、音環境や各部分の仕様をより具体的に検討していくことになる。なお、近年ではコンピュータによる音響シミュレーションで音分布などを検討することが多くなっている。施工段階では、施工図面のチェックや、施工現場での音響関連工事の監理を行う。工事の完了時には音響検査測定を行い、設計時に意図した音響性能が実現されているかどうかを検査。その後も、運営や改修に関するコンサルティングを続けていく。

　音響設計が建物全体の設計とかかわるタイミングは、案件によってさまざま。コンサートホールなど音響重視の施設が設計される場合は、コンペ応募時など、ごく初期の段階から設計事務所と協働することもあるが、建物の基本設計が終わり実施設計の段階から設計に加わる場合もある。もちろん、音響の専門家が初期の段階から参加するほうが、よい音を生み出す上では望ましい。音響設計・コンサルタントは、建物全体のデザイン意図を理解しながら柔軟に対応していく資質も必要である。　　　　　（加藤 純）

●主な就職先：音響設計・コンサルタント会社、音響メーカー。
●就職方法：一般公募に応募。学校を通じた推薦というかたちで決まることもある。
●必要な資質：音への興味。コミュニケーション能力。
●関連資格：建築士（1、2級）、環境計量士、公害防止管理者。

Interview

緻密なプロセスから得るダイナミックな効果

小野 朗（永田音響設計）

　コンサートホールの音響計画で、世界のオーケストラやクライアントから絶大な信頼を得ている永田音響設計。小野朗氏が入社したときにはしかし、そこまでの実績はなかった。小野氏は中学時代から建築に興味があり、建築の道を志す。卒業設計のテーマとして選んだのが劇場であり、その分野の研究をしていた音響の研究室に進む。そこでは、実際に建設するホールの音響に関する委託研究を担当した。模型実験を繰り返し、音響の調査をするうちに没頭し、大学院にも進むことになる。就職時に研究室の教授に勧められたのが、永田音響設計であった。

　入社したての小野氏が驚いたのは、社員が少なく総じて若いため、設計の打ち合わせをかなり任されたことだ。当時でも、大御所の建築家が永田音響設計に依頼を数多くしていた。小野氏は建築家との

おの・あきら
1956年、東京都生まれ。日本大学理工学部建築学科卒業。同大学大学院建築学専攻修士課程修了後、永田音響設計に入社。サントリーホール(1986年)、紀尾井ホール(1995年)、ミューザ川崎シンフォニーホール(2004年)など数多くのコンサートホールの音響設計を手掛ける。現在、同社取締役、プロジェクトチーフ。1級建築士。

打ち合わせに1人で赴くこともあった。音響設計側からの提案をすると、それを条件として建築家がその場でスケッチを描いていく、というダイナミックな設計プロセスを間近で体験したのである。

そして入社2年目のとき、サントリーホールのプロジェクトが始まった。永田音響設計は音響のコンサルティングを担当し、全力投球する。小野氏もそこに加わった。当時のサントリー社長はステージを観客席が取り囲むヴィニヤード（ぶどう畑）形式を希望。永田音響設計は、段々にせり上がる観客席の位置を検討し、壁や天井の形を検討していった。当時はコンピュータでの方法は確立しておらず、すべて手作業である。形や音源の位置を設定しては線を引いていく。ある程度形が固まってくると、10分の1縮尺模型をつくり、検討した。内側に鏡面フィルムを張り、音源の位置からレーザー光

小野氏が音響設計を手掛けた「ミューザ川崎シンフォニーホール」2004年（建築設計＝松田平田設計）

線を飛ばして、その行き先を調べていく。もちろん、実際にスピーカーから音を出して客席の位置で波形を測定し、分析をする。この模型実験だけで半年間を費やした。

　こうして完成したサントリーホールは、世界的指揮者のカラヤンに「音の宝石箱」と評されるなど、高い評価を受ける。世界を巡るオーケストラによってその評判は広まり、やがて世界各地のメジャーなコンサートホールの音響設計のオファーを受けるようになる。現在、アメリカのロサンゼルスにも事務所を置き、欧米で建てられる大型の案件を数多く扱っている。

　ちなみに、現在でも大きなプロジェクトでは模型実験を行うが、コンピュータによる音響シミュレーションも手軽にできるようになった。ホールの客席や舞台に到達する反射音の遅れ時間や分布な

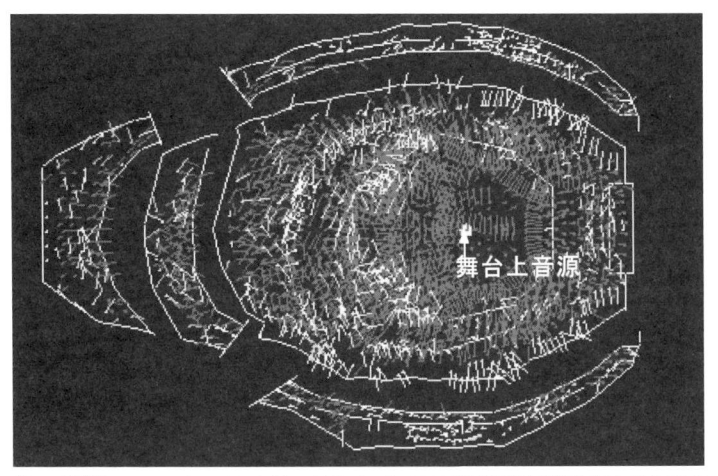

「ミューザ川崎シンフォニーホール」のコンピュータシミュレーションによる初期反射音到達分布図。1回反射、2回反射、3回反射の状態を3色で示す

どを短時間で予測し、形状の検討などに役立てている。ホールの音響特性はその形や客席の配置によって、さまざまに変わってくるのだという。

　ただし、小野氏は創業者の永田穂氏から「いくら音響計画が工学であり、データから判断される点があるとしても、最終的には実際に聴く人間の耳の判断。自分の耳で聴いてみるように」とよく言われたという。「コンサートホールでの聴こえ方は、演奏者や演奏曲によっても異なるし、1回聴いたくらいでは分かりません。やはり自分の耳で何度も聴き、自分としてどのように感じるかが大事なのです」と小野氏は語る。ジャンルを問わず、さまざまなコンサートホールに足繁く通うという小野氏。音とそれを取り巻く環境への探求心が、緻密な設計の原動力となっている。　　（取材・文＝加藤 純）

11 店舗開発・設計者

ハードとソフトの両面から商空間をプロデュース

　商業施設の出店に向けて、ハードとソフトの両面から店舗を総合的にプロデュース、設計する仕事である。この分野は多種多様な業態があり細分化されているため、ひとくくりにすることは難しく、仕事内容もさまざま。

　例えば、複合商業施設の店舗開発を行う百貨店やディベロッパー、鉄道会社などの発注者側にもこうした部署が存在するし、スーパーやコンビニエンスストアなどの小売業、居酒屋やレストランなどの外食産業、パチンコなどのアミューズメント業にもそれぞれの会社に店舗開発部門がある。そうした業務を行う別会社をつくっている企業もある。土地の仕入れなどの不動産にかかわる業務と店舗の企画にかかわる業務が分かれている場合も多い。さらに、店舗開発業務を専門とする独立系企画デザイン事務所もある。そうした事務所は企業からの依頼を受けることもあるし、自社で飲食店などを企画・運営している場合もある。

　主な仕事は、立地戦略や出店計画の立案、クライアントとの折衝、設計者や施工業者とのやりとりなど、店舗のオープンに向けてプロジェ

クト全体の進行役を担うことである。その後の運営面のマネジメントを行うこともある。新規の店舗開発だけではなく、多店舗展開も大事な業務。既存のブランドイメージを維持したまま、どこにどんなヴォリュームで出店していくかを検討する。

　店舗づくりでは商品開発を行い、価格や販売形態を決定するマーチャンダイジング（MD）が重要であるため、総合的に店舗開発を行う場合はこうした知識を学ぶことが必要となる。業態ごとの商品の価格帯や売り場面積、商品陳列方法などの感覚を身に付けなければならない。

　サイクルが早く、手掛けた店舗がそのまま何十年も残ることはほとんどないが、それだけ需要も多く、多忙であるということ。運営にかかわる場合は、店舗の営業時間に合わせて、残業しなければならないことも多い。

（フリックスタジオ）

●主な就職先：企業の店舗開発部、事業開発部。百貨店の企画部、事業推進部。独立系の企画・デザイン事務所など。
●就職方法：一般公募に応募。小規模事務所の場合、アルバイトからもぐり込む、というパターンも。
●必要な資質：コミュニケーション能力、マネジメント能力、企画力、柔軟な思考力。
●関連資格：建築士（1、2級）、インテリアプランナー、宅地建物取引主任など。

12 インテリアデザイナー

華やかなイメージにはほど遠い、超現場主義!?

ドラマなどの人物設定で建築家と同じようによく登場する「インテリアデザイナー」という職種。大学や専門学校の建築学科やインテリアデザインコースなどで、その基礎的な知識や技能を身に付けた後、インテリアデザイン事務所や建築設計事務所、内装施工会社、建設会社などに就職するのが一般的な道だ。

インテリアの設計・施工の工程は、主に以下の3つに分けることができる。

①内装管理：クライアントより依頼を受け、建築物の法規関連の手続きを行う。クライアント・設計者への内装規制の説明。

②設計：内装規制を考慮しつつ、インテリアの設計図や仕様書（材料の選定）を作製。積算業務などを経て、施工業者へ発注する。

③施工監理：設計通り施工するよう施工業者の監理を行う。

②のみの場合や、①〜③を総合的に行う場合など、会社の体制や仕事の形態によって、その組み合わせはケースバイケースである。

設計の対象は、個人の戸建住宅やマンション、店舗、百貨店、専門店、ショールーム、オフィ

スなどさまざま。建築設計に比べて、デザインの制限も少なく、自由度が高いとされる一方で、その対象に特化した付加価値を模索しなくてはならない。それぞれの属性を生かしながら、その付加価値とデザインを調和させることが求められる。当然ではあるが、建設現場の監理にかかわることも多いので、建築に関する知識も求められる。また、クライアントや建築士、現場監督などたくさんの人とかかわりながら仕事を遂行していく職業でもある。それぞれの考えやメリット、デメリットを調整していかなくてはならないので、協調性や交渉力が重要とされる。

　店舗のインテリアを中心に、更新サイクルが早い対象が多く、その需要はなくならないという意味では、将来性のある業界といえるのだろう。しかし、いかに低コストで納得されるデザインを提案するかということが常に問い続けられるという意味では、華やかなイメージとはほど遠い、さまざまなプレッシャーに耐える覚悟が必要な職種であるのかもしれない。

（大西正紀）

●主な就職先：インテリアデザイン事務所や建築設計事務所、内装施工会社、建設会社、住宅メーカー、内装・リフォーム会社。
●就職方法：一般公募に応募。大手企業の場合、大学を通じて半ば推薦のようなかたちで就職が決まることもある。小規模および個人事務所の場合、直接連絡する。
●必要な資質：デザイン力、コミュニケーション能力、協調性、交渉力。
●関連資格：インテリアプランナー（5年間で登録更新）、建築士（1、2級）、カラーコーディネーター、施工管理技士。

13 家具デザイナー

生活シーンを彩る名脇役

　家具デザイナーは、収納家具やテーブル、椅子などといった、すべての家具をデザインし、製品の構造などを決めていく職業。デザインのみを行う場合もあれば、設計から製作、完成まですべての作業にかかわる場合もある。また、建築家やインテリアデザイナーが本業と兼ねて行うこともある。

　家具メーカーやインテリアデザイン事務所に所属するデザイナーが主流だが、最近はデザインした製品をインターネットなどで直接販売することが可能になり、個人で独立してデザインから販売までを行うデザイナーも多い。また、国内で行われる「100% DESIGN」などのデザインイベントや、海外で行われる「ミラノ・サローネ」をはじめとした家具見本市へ参加し、積極的にマーケットへ売り込む家具デザイナーも増えてきている。

　家具は常に生活空間にあり、生活に密着しているものであるため、そのデザインには建築やインテリアなど、空間デザイン全般の知識が必須となる。昔から優れた家具デザイナーに一流の建築家が多いことも、そのことを裏付けてい

る。

　一口に家具と言っても、住宅からオフィス、病院、図書館、美術館、公園まで、家具が使用される状況はさまざま。そのため、家具デザイナーは、素材と人間工学についての専門知識を身に付けた上で、家具を利用する人々の生活スタイルや嗜好などに即したデザインをすることが要求される。大量生産・販売する家具を手掛ける場合、デザインはもちろん、商品企画のほか、色彩やマーケティングの知識も必要となる。また、木材など各素材の生産業者や企画、製作、販売などの各担当ともかかわりを持つことから、さまざまな人たちに向け、そのデザインのイメージを確実に伝えられる力が必要となる。

　一般的には、大学や専門学校でデザインを学んだ後、家具デザイナーのアトリエや家具メーカー、建築設計事務所などで実務経験を積む。特別な資格は必要ないが、一人前の家具デザイナーになるには、幅広い知識と経験が必要であるため、少なくとも10年はかかるといわれている。

（大西正紀）

●主な就職先：家具メーカー、インテリアデザイン事務所、個人デザイン事務所、建築設計事務所など。
●就職方法：一般公募に応募。小規模事務所の場合、直接連絡する。
●必要な資質：デザイン力、コミュニケーション能力、プレゼン力、交渉力。家具単体だけではなく空間デザインについての総合的な知識。
●関連資格：特に必須の資格はないが、建築士（1、2級）の資格があれば、仕事の守備範囲が広がる。

14 キッチンデザイナー

ユーザーとの対話を重ね、理想のキッチンを実現

　住宅の設計の中で、とりわけ注文が多いのがキッチンである。毎日使い、洗う・切る・火を通す・並べる・しまう等々、さまざまな機能が集約されている場所。キッチンの使い方は1人ひとり違うともいわれ、求められるデザインもさまざま。クライアントの声が千差万別であるのも無理はない。こうした要望を丁寧に把握しながら、理想のキッチンをつくり上げていくのが、キッチンデザイナーである。

　日本では、「システムキッチン」と呼ばれるパッケージ商品を扱うメーカーが多い。これは、あらかじめ設定されたスタイルの中から好みのものを選び、扉材や機器類を決めていくもの。洋服でいえば、セミオーダーのような感覚である。それに対して、キッチンデザイナーがかかわる事例では、スタイルからレイアウト、細かい機器に至るまで、個人の好みや使い勝手に応じて設計する、フルオーダーの感覚である。住宅全体の設計者がキッチンの細部まで設計することもあるが、限られた期間内で細やかに配慮できるのは、キッチンデザイナーとの協働があってこそ。今では「キッチンスペシャリスト」

という資格もあるほど、その需要は高い。キッチンデザイナーを多数抱えた専門会社もあれば、アトリエ的に個人で活動している人もいる。

キッチンデザイナーの仕事は、まずクライアントから大まかな要望や予算を聞くことから始まる。キッチンは、個人や家族のライフスタイルと密接なかかわりがある。近年では、開放的でリビングとつながった「オープンキッチン」が広まっており、もてなしや家族とのコミュニケーションの場ともなっている。キッチンの位置や広さ、ほかの部屋とのつながりを協議しながら、プランと見積りを提案。予算に応じて仕様などを検討し、金額を調整していく。

ある程度仕様が決定したら、細かい寸法や収納、使う材料の種類や色の決定、機器類の選定へ。カタログより詳しい情報や操作感を確かめる場合は、クライアントと一緒にメーカーのショールームへ足を運ぶこともある。こうして、詳細な図面を作製して施工会社や機器メーカーに発注を行い、製作や工事の段取りをする。取り付け工事を完了させた後は、アフターサービスも怠らない。　　　　　　　　　（加藤 純）

●主な就職先：キッチン機器メーカー、建築・インテリアデザイン事務所、キッチンデザイン事務所、リフォーム会社など。
●必要な資質：使い手の要望を引き出すコミュニケーション力、設備や材料の仕様、設計上や技術上の情報を取り入れる旺盛な知識欲。
●関連資格：キッチンスペシャリスト、インテリアコーディネーター、リビングスタイリストなど。

Column

独立10年、「普通」の先の建築へ

星 裕之

　私が独立した1998年は極めて不景気な時代であった。勤めていた構造設計事務所からの外注仕事を頼りにしていたが、その取引先が次々と倒産し、私への仕事は全くなくなってしまう。焦る私はハウスメーカーや工務店から仕事を得ようと飛び込み営業をかけてみたが、彼らが見ず知らずの者に仕事を出すことはなかった。

　宇都宮大学の卒業生は各期約40人。12期の私には約440人の先輩がいる。そのうちコンペで入賞した数人、アトリエで修業した約40人の先輩方の動向を分析し手本にしようと考えた。98年時、独立していた人は10人だが、『新建築住宅特集』掲載者は皆無、一般ユーザー向け住宅情報誌に2人が掲載されていただけ。その2人も、3件程度の設計実績しかないという、設計事務所運営の厳しい現実が見えただけであった。

　学生にとって、建築雑誌に取り上げられる建築がすべてである。それらは実験的な試みであるゆえに、一般には理解しにくい機能やデザインになりがちで、予期しない瑕疵が生じる場合もある。私は建築設計者として仕事を得るために「信用」が最も必要なことであ

ると考え、当時普及し始めたホームページで以下のことを行った。

　建築構造を分かりやすく解説し、建築相談を受けそれに回答することで間接的に自らの技術力を表現する。また、住宅の実施コンペを行うサイトで仮想設計を行い、自分の考え方、デザインを発表する。設計料、依頼の方法、設計業務の内容をはっきり記載する。現在では当たり前のことであるが当時は画期的であった。できるだけ透明に情報を提供するという、直球勝負を行った。

　結果として1年後、ネットから1件、青年会議所から1件の設計を受注でき、そこで知り合った若く志の高い施工者と協働することもできた。それらの建築がメディアに取り上げられ、ホームページの閲覧者が増える。そして自分に合った仕事が依頼され、それがメディアへ……。成功へのサイクルは回り始めていた。

　私の建築は「普通」であった。しかし、実は多くの設計者は普通のことを普通にできない。独立して10年、信頼は厚くなっている。「普通でない」ことを普通に許容してくれる施主も現れ始めた。いつの間にか次のステップを踏み出す時期に来ているようだ。

15 保存・修復建築家

守るにも
デザイン力が必要

　歴史的建造物の保存・修復は、少し前までは、国宝や重要文化財に指定された古建築を対象とした、特殊な仕事だったかもしれない。今や、リノベーションやコンバージョン花盛りで、広い意味での保存・修復は、人口に膾炙している。そのおかげで建物が多く使われ続けることになり、都市における歴史的建築物の価値への認識が高まりつつある傾向は望ましい。ただ、歴史的建築物には、今日には失われている材料、技術、造形、思想が込められており、それらを十分に観察、分析し、読み解いた上で、その価値を将来へと伝える姿勢が不可欠である。

　登録文化財制度の導入や近代の建築物等への注目により、保存・修復の幅は大きく広がっている。身近な民家から世界遺産に至るまで、対象も内容も一様ではないが、そこに関与する建築家に求められる資質は一貫している。建築史学への造詣、歴史的建築物への観察眼、分析力はもちろんだが、実はデザイン力こそ、なくてはならない資質である。再生や改造というケースでは、建築物の歴史的価値と新しい機能との調停に、複雑なデザイン的解決が求められる。

カタイ仕事と思われがちな文化財建造物の修復であっても、破損を繕って元通りにする、という単純な内容には全くとどまらず、いや応なしに建築を変形させていく時間への、デザイン上からの介入ととらえるほうがふさわしい。

国や自治体の文化財に指定されている建築物の修復は、文化庁の監督下に実施される研修および実務経験を経て主任修理技術者と認められた者を現場責任者とし、文化庁や自治体の指導を得て行われる。文化財になっていない建築物でも、委員会を設置して修復が進められることが多い。ここでは歴史的価値に関わる検討のみならず、新しい機能や設備の付与、あるいは耐震、耐火、防犯といった、防災・安全対策も求められるので、各専門家の協力が必須である。修復の核となる建築家には、これら多様な人材をまとめ上げるコーディネート力も問われる。

保存・修復建築家の仕事は、建物を維持する管理人業務といったものではなく、それを長く伝え、使い続けるための総合的なデザイン行為だととらえたい。　　　　　　　　　（清水重敦）

●主な就職先：文化財建造物修理担当機関として、(財)文化財建造物保存技術協会、京都府・滋賀県・奈良県各教育委員会、(財)和歌山県文化財センター、(財)建築研究協会、(財)京都伝統建築技術協会など。行政指導・研究機関として、文化庁、文化財建造物が多数所在する市町村、(独)国立文化財機構奈良文化財研究所・東京文化財研究所など。
●就職方法：各大学での掲示、ウェブサイトなどに告知される公募に応募。
●必要な資質：現代建築とは異なる材料、技術、造形、思想からなる建築を読み解くセンスとデザイン力。研究意欲、コーディネート力。
●関連資格：1級建築士、博士(工学)。

16 映画美術監督・デザイナー

記憶に残る虚構の空間をつくる

　建築の関係者に映画好きは多い。だが、映画の関係者に建築好きが多いかといえば、そうでもなさそうだ。しかし、片思いとはいえ、映画、あるいは演劇では、舞台背景となるセットを制作する仕事があり、空間のリテラシーが求められる。

　監督の構想する作品に対し、どのようなセットをつくるべきか、あるいはふさわしい場所を探してロケハンを行い、どこでロケを行うのかを検討する。実際の建築ではなく、フィルムにのみ残る仮設の空間だが、時として多くの人の記憶に刻まれる風景をつくる仕事になるだろう。いわゆる映画美術という職業である。これは俳優とは違う、別の登場人物を造形する重要な役割を持つ。

　なるほど、過去にも建築を学んで、映画の世界に進む人はいた。例えば、セルゲイ・エイゼンシュタイン、成瀬巳喜男の映画美術を手掛けた中古智（東京藝術大学建築科を目指して勉強するが、舞台美術に転向）や黒澤組の村木与四郎。『二十四の瞳』や『嵐を呼ぶ男』を手掛けた中村公彦の場合は、映画美術をやめてから、

インテリアデザインの事務所を開設した。逆に建築家の竹山聖が映画『窯焚』の美術監督になったり、高松伸が『バットマン』のメカデザインに関与したケースもある。

　海外では、映画の表現においてCG全盛の時代を迎え、なまじコンピュータを使えることから、建築界からそちらの方面への進出も多いようだ。一方、日本映画でも、『スワロウテイル』や『マジックアワー』などを担当した種田陽平のように、大掛かりなセットを実際につくる美術監督も活躍している。こうした仕事を手掛ける事務所には、建築学科出身の人材も就職しており、オープンデスクの学生も受け入れている。やはり、3次元の図面を描けることが重宝されるようだ。

　独立して仕事が認められると、種田のように、世界のタランティーノ監督からオファーが来ることだってある。普段からスケッチや写真などのさまざまな視覚的素材をストックしておくこと、また作品が設定する時代や場所のリサーチを行い、小物を収集できるフットワーク、そして映画的なリアルに対する明快な思想などが求められるだろう。　　　　　　　　　（五十嵐太郎）

●主な就職先：映画会社、あるいは美術制作事務所。
●就職方法：映画会社の場合、一般公募に応募する。または現場の手伝いから業界にもぐり込む。
●必要な資質：監督の意図を理解し、空間に翻訳できること。
●関連資格：特になし。

17-28
企画・運用は大切だ

ここで紹介されるのは、発注の仕事そのもの、あるいは
どのように建築を使うのかというプログラムを計画する職業だ。
いわば、社会をデザインすること。
設計はハコをつくる。そして企画と運用が、ハコに命を吹き込む。
建築がつくられる時間のフェイズで分けると、
3つのかかわり方がある。
事前であれば、開発やプロデュース、
設計の途中であれば、建築計画、
そして事後であれば、リノベーションという
建築の第2の人生を与える仕事になる。

(五十嵐太郎)

考える!!キカ子ちゃん

1コマ目:
- 企画の仕事を鍋パーティーにたとえてみる
- 寄せ鍋ではありきたり
- よろこばれるコンセプトを考えねば

2コマ目:
- 五穀鍋（すいとん、そばがき、きりたんぽ）
- 羊とオリーブのマグレブ鍋（シメはクスクス）

3コマ目:
- モダニズム鍋（煮くずれは許さん）
- クジラとグリーンピースのエコ鍋
- フランスゴシック鍋
- 具が沈まない死海鍋

4コマ目:
- 結局 焼き肉になった
- こういうこともある（たぶん）

17 都市計画者

こんなに多い、都市を計画する職業

　都市計画「者」という呼び名は一般的ではない。ここでは、建築「家」のように計画全体を決定するようなイメージを持つ都市計画「家」ではなく、都市計画にかかわる複数の立場を総称する意味で、この言葉を用いている。

　都市計画にかかわる職業にはさまざまな立場がある。大きく行政と民間に分かれ、クライアントとしての行政、コンサルタントとして業務を受注する民間という関係がある。行政で働く場合、地方公共団体の都市計画行政に携わる公務員としてであり、自治体によって都市整備局、土木建設部など、かかわる部署名はさまざまである。最近の特徴としては、都道府県から市町村への権限委譲が進んでいること、公共事業が減り地域コミュニティやNPO支援の傾向が強まっていること、条例による規制・誘導の多様化などが挙げられる。民間のコンサルでの業務は、マスタープランや各種制度のためのリサーチ・計画業務と、開発事業や管理・運営などを行うマネジメント・コーディネート業務に分類できる。前者は分析からさまざまな計画を立てる業務である。またエリアマネジメントやまち

づくりのコーディネートなど後者の業務が増えるにつれ、観光、景観、経済、不動産などさまざまな知識が求められつつある。NPOなどの市民団体などでまちづくりに携わる人もおり、近年その重要性も高まっている。

ディベロッパー（開発業者）も、事業主体として都市計画を担っている。民間ディベロッパーは、不動産、電鉄会社、ゼネコンなど数が多いが、ここでは特に公的ディベロッパーの代表格である都市再生機構に触れておこう。現在、独立行政法人として、行政や民間だけでは困難な事業において、日本住宅公団に始まる半世紀のまちづくりの実績のノウハウを提供している。さまざまな団体を調整しつつ、プロデューサーとして、全国の都市再生を推進することを目的としている重要な組織である。

これらに加え、ル・コルビュジエらから連なる、建築家の延長としての都市計画家の系譜も、忘れてはならないだろう。　　　　　（松田 達）

●主な就職先：国土交通省、地方公共団体、都市再生機構、ゼネコン、不動産会社、コンサルタント、シンクタンクなど。
●就職方法：行政の場合、公務員試験を受ける。民間の場合、一般公募に応募。出身分野は、これまでは土木工学、建築学、環境工学、都市工学、造園学などが多いが、今後は法学、経済学、社会学、心理学、社会福祉学など多様な知識が求められる傾向にある。
●必要な資質：都市に関する興味。巨大な利害調整システムの中で、本質を見抜く力、他者との調整能力。
●関連資格：技術士 建設部門（都市および地方計画）、1級建築士、再開発プランナー、土地区画整理士、宅地建物取引主任者、シビルコンサルティングマネージャ、土木学会認定技術者資格、登録ランドスケープアーキテクト。

18 ディベロッパー

ビジネスの視点で都市を築くプロジェクトマネージャー

ひと口に不動産業と言っても、いろいろな業態がある。例えば、都市部にある大型のオフィスビルや商業ビルの企画・建設・運営を手掛けるのも不動産業だし、近隣の売り地や売り家、賃貸マンションなどを仲介する、駅前や街中の小さな不動産屋も、立派な不動産業だ。

建築学科の学生にとって、仕事選びの対象になりそうなものとして挙げられる不動産会社は、「ディベロッパー」だろう。文字通り、大規模な都市開発や、宅地開発、マンション建設などを主な仕事とする。

ディベロッパーもまた、いくつかの業態に分かれるが、「総合ディベロッパー」と呼ばれる不動産会社には、誰でもその社名を知っているところが多い。東京ミッドタウンを手掛けた三井不動産、六本木ヒルズや表参道ヒルズの森ビル、丸ビルなど東京・丸の内地区の再開発を進めている三菱地所などが、それに当たる。総合ディベロッパーは、都市開発からマンション分譲まで幅広く開発事業を手掛ける。その仕事は、土地の購入に始まり、その土地につくる建物を企画し、建設して、販売や運営まで総合的に手

掛けていく。

　ディベロッパーは、建物をつくるという点では建設業の分野に入る。しかし、一部の会社を除けば、基本的にディベロッパーが自ら設計図を描くことはない。設計は、外部の設計事務所やゼネコンの設計部などに発注するのが一般的だ。また、施工はゼネコンに依頼する。ディベロッパー自身は発注者、あるいは事業主体として、プロジェクト全体が1つのビジネスとして成功するようにマネジメントしていく。経済性が大きく問われるため、ディベロッパーは建築系よりも、むしろ文科系出身の社員によって経営されてきた。しかし、建築の持つ魅力に経済的価値が見出され始めた最近では、専門知識を持つ建築系の社員を増やす動きもある。

　ディベロッパーにはほかに、大京のようなマンションに特化した「マンションディベロッパー」などもある。また、積水ハウスや大和ハウス工業のように、宅地開発や建売住宅を売るディベロッパーとして活動する不動産部門を持つハウスメーカーもある。　　　　　　　（松浦隆幸）

●主な就職先：ディベロッパー、ハウスメーカーなど。
●就職方法：一般公募や大学の就職課を通した求人に応募。
●必要な資質：まちづくりに対する関心や新しい発想。行動力、コミュニケーション能力。
●関連資格：宅地建物取引主任者、マンション管理士、1級建築士。

Interview

都市を創るディベロッパーに建築の視点を持ち込む

篠原徹也（三井不動産 アコモデーション事業本部）

　2004年、篠原徹也氏が大手ディベロッパーの三井不動産に入社したころ、建築学科を出た社員は少数派だったという。「ディベロッパーというのは、都市開発や大規模建築を担う事業主です。街のあり方を決定付けてしまうほどの権限を持つ立場にあるわけですが、建築学科の卒業生は予想以上に少なかったのです」。

　そんなディベロッパーの世界に、あえて篠原氏が飛び込んだのにはわけがある。大学院で都市計画を学んだ篠原氏が、最初に就職したのは、大手ゼネコンの竹中工務店だった。「街をつくる大規模開発のような仕事をしたい」。そんな思いで就職し、都市開発の素案づくりや、実際のプロジェクトの設計図を描く日々が始まった。希望通りだったが、「次第にもやもやし始めた」という。

　大規模な都市開発の多くは、ディベロッパーや商社などが事業主

しのはら・てつや
1973年、神奈川県生まれ。1999年、早稲田大学大学院修士課程（建設工学専攻）修了後、竹中工務店入社。開発計画本部などで再開発の実務を経た後、2004年、三井不動産入社。住宅事業本部や関連会社の三井不動産レジデンシャルで大規模マンションの企画・営業を手掛ける。1級建築士、マンション管理士、宅地建物取引主任者。

だ。彼らが企画し、彼らの主導でプロジェクトが進んでいく。しかしその事業主は、設計の実務経験者とは限らない。「もやもや」の原因はそこにあった。デザインの視点で自信を持って設計した内容が、却下されてしまうことがしばしばあったのだ。「もっといい街ができるのに……」。自らが提案する建築の意味がなかなか理解されないことが、もどかしかった。

　一方で、ディベロッパーの持つ能力に感心した。開発のための企画から、資金調達、設計・施工、完成した施設の運用までを見渡した上で、綿密な事業計画を練っている。失敗の許されないビジネスとしての緊張感があった。ビジネスとしての事業性と、建築のクオリティとがうまく調和すれば、もっと魅力的な都市を築ける。「それならば、建築を知る自分がディベロッパーの側に入って、事業主

三井浜田山グラウンド跡地に建設した「パークシティ浜田山」（設計・施工＝鹿島建設）では、事業に伴い都市計画変更や土地区画整理事業にも携わった

の立場で動けばいいではないか」。そんな思いが篠原氏を動かした。5年間勤めた竹中工務店を退職し、2004年に三井不動産に転職した。そこからは「もやもや」が晴れ、充実した日々を送っている。

　入社2年目に任された大規模開発「パークシティ浜田山」は、8.4haという広大なグラウンド跡地に、1つの街をつくり上げるという壮大な計画だった。真っさらな敷地に、どんな街をつくるかという企画から仕事は始まった。道路を引き、建物を配置していく。建築的な感性と、ビジネスという現実とを融合させつつ1つの街を創出する充実感があった。

　篠原氏が図面を描くことはない。プロジェクトマネージャーとして、事業全体をコーディネートするのが仕事で、実際の設計図は設計会社やゼネコンの設計部に描いてもらう。そこから上がってきた

約60haのまちづくりが推進中の大崎・五反田エリアに完成した「パークタワーグランスカイ」（建築設計＝日本設計、施工＝鹿島建設）。公園やオフィス棟を一体的に整備する市街地再開発事業。篠原氏はこの超高層マンションを担当した

設計図に、修正を指示するのも、最終的なゴーサインを出すのも、篠原氏だ。「事業主であるディベロッパーは、大きな権限と同時に、都市に対する大きな責任を負っています。自分の判断が最終決定となるだけにシビアですが、とてもやりがいがあります」。

設計は設計事務所、マンション販売のための広告やPR映像は広告代理店にといった具合に、実際の業務はそれぞれの専門会社に発注し、自らはプロジェクトマネージャーとして統括する。「例えて言えば、私の仕事は映画監督ですね」。賃貸住宅やホテル事業に携わる現在も、その意識は変わらない。

最近のディベロッパーは、建築学科出身者の採用を増やしているという。「でも、まだまだ少ない。建築を学んだ人にとって、こんなにやりがいのある仕事はないと思います」（取材・文＝松浦隆幸）

19 アセットマネジャー

不動産投資ファンドの
トップマネジャー

　アセットマネジャー（AM）は、不動産ファンドを統括する仕事である。不動産ファンドに携わる多くの関係者の中で最大の権限を持ち、金融・会計・法務の知識を総動員してファンドを指揮する。

　通常、不動産ファンドは、複数の土地・建物を投資対象として保有している。アセットマネジャーは、ファンドが保有するすべての土地・建物に関する総合的な判断を下す立場である。新たに不動産を取得するのか、保有している不動産の価値を上げるのか、解体して周辺の土地も取得した上で有利な条件で再建築するのか、保有資産を売却するのか、といった高度な判断が求められる。ファンド物件は、背後に投資家という厳しい目が控えているため、第三者が見ても納得できるような合理的な判断を下す必要があり、アセットマネジャーの責任は重大だ。

　アセットマネジャーは、技術的な問題解決方法を、AMチーム、コンストラクションマネジャー、プロパティマネジャー、設計事務所、建設会社などのプロジェクト関係者から引き出し、自身は資産としての建物の価値を最大化す

ることに力を注ぐ。

アセットマネジャーは総合的な判断が求められるため、複数の職種やセクションをキャリアの中で経験する必要がある。アセットマネジャーへの門は狭く、有名大学の経済・経営学科卒業後、大手投資銀行勤務を経て、外資系不動産投資会社のアセットマネジャーへと転職するパターンなどが一般的である。

建築学科出身のアセットマネジャーは全体から見ると少数派である。総合ディベロッパーに就職し、部署異動を経て、アセットマネジャーとなった例、設計事務所や建設会社を経て、施設管理会社へ、あるいはMBAを取得するなどしてステップを積み重ね、不動産投資会社へ転職して、最終的にアセットマネジャーになった例などがある。

外資系不動産投資会社を筆頭としてアセットマネジャーは給料も良い反面、大変な激務であり、長く働き続けるのは難しいようだ。アーリーリタイヤを目指して、懸命に働く人も少なくない。　　　　　　　　　　（納見健悟）

●主な就職先：日系・外資系不動産投資会社、総合ディベロッパーのAM部門。
●就職方法：AM部門がある会社に一般公募で就職し、昇格を待つ。不動産系の職歴を積んだ上でAM部門がある会社に転職するのが一般的。
●必要な資質：金融・会計・法務を通じて資産としての建物の価値を最大化する視点。
●関連資格：資格よりも豊富な職務経験が必須。公認会計士、不動産鑑定士、宅地建物取引主任者など。

Column

長期のビジョンを持ち不動産で収益を上げる

加藤 純

　金融機関が集めたお金は、そのまま金庫に眠らせておくわけではない。生命保険の仕組みを例に取ると、加入者は保険料を定期的に支払い、病気や死亡時には保険金が支払われる。保険会社は、保険料として預けられるお金を貸し付け（ローン）、株式や債券などの証券投資、そして不動産への投資というかたちで運用する。

　不動産投資とは、物件を取得してから売却して換金するまでのトータルの収益を求めること。物件を取得する前には、投資して大丈夫なのか査定する必要があるし、投資後には保全・運営にかかわる計画や改修計画を立て、メンテナンスを行う必要がある。建築分野で学んだ専門知識はここで十分に発揮される。物件の種類は、オフィスビルや商業施設、宿泊施設など幅広い。

　土地を購入し新たに建物を建設することや、地域一帯の開発を手掛けるなど、大規模プロジェクトにかかわることもある。自ら事業主として出資する場合は企画・設計に携わることもあり、こうしたときは、大手設計事務所やゼネコン設計部と共にプロジェクトを進めることになる。事業計画を立案し、立地やコスト、法規などの与

条件を整理しながらコンセプトを建築計画として練り上げる。そして、工事中は施工者へのチェック機能としての役割を果たして品質を確保。完成後はほかの保有不動産物件と同様に、メンテナンスをしながら運用する。

　近年では「不動産投資信託（REIT［リート］）」という言葉が一般的になった。これは、オフィスビルや住宅、商業施設などの保有物件からの賃貸収入・売却収入を小口に分配する仕組みで、広く投資家の支持を得ている。この仕組みを活用して資金を集めることで、さまざまな手法で建築プロジェクトが進められるようになった。その反面、経済の状況に大きく左右され、利回りだけに期待していた投資家が一気に手を引く現象が起きることも。2008年のリーマンショックは、日本の不動産業界にも大きな影響を与えた。投資は確かに収益を求めることが目的ではあるが、不動産は常に大きな社会的資産であることも事実。建築の役割を強く意識し、目先の利益にとらわれずに長期のビジョンを持つプロジェクトを実現できる人材は、これからますます求められるだろう。

20 コンストラクションマネジャー

建物に関する問題解決のプロフェッショナル

　コンストラクションマネジャーは、クライアントの代理人として、建設プロジェクトの事業構想の段階から設計・施工、維持管理に至るまで発注者をサポートする。いわばクライアントの目線でプロジェクトの問題解決に貢献する仕事である。

　具体的には、建物の規模や予算の策定についての検討や助言を行ったり、設計事務所や建設会社、環境や音響をはじめとした各種エンジニアリング会社の選定を行う。また海外から資材を輸入したり、特殊な材料をあらかじめ手に入れる算段をつけるなど、コストダウンやスケジュールの遅延などを予防し、プロジェクトのリスクの低減を図ることもある。

　総合ディベロッパーでは、社内にコンストラクションマネジメント（CM）部門を置く会社も増えてきた。こうしたクライアント側の組織に所属するCMをインハウスのCMという。一方、クライアントとは別会社で委託を受けるCMのことをアウトソーシングのCMという。大手設計事務所や建設会社のCM部門や、数は少ないが独立系のCM会社がそれに当たる。

インハウスは、クライアントとなる自社の戦略にマッチした業務に最適化されており、よりプロジェクトに深くかかわることができる。反面、アウトソーシングは、業務はクライアントにより変化するため、幅広い業務を遂行できる事が求められるのが特徴だ。クライアントのパートナーとして建物を活用した事業創造を進める、意欲的な取り組みをする会社も存在する。

コンストラクションマネジャーは、技術的な経験だけでなく、クライアント目線でプロジェクトをマネジメントする能力が重要である。建設プロジェクトで直面する技術的な問題をクライアントの言葉や論理に置き換えて説明・提案し、問題解決を推進しなくてはいけない。クライアントと建設業界の両方の視点を理解することが求められるため、事業計画の立案、設計や工事監理、施工管理といった立場で建設プロジェクトの流れを理解し、転職を経てコンストラクションマネジャーへと転身するといったケースが多いようだ。　　　　　　　　　（納見健悟）

●主な就職先：総合ディベロッパーや不動産投資会社のCM部門、独立系CM会社、設計事務所・建設会社のCM部門。
●就職方法：一般公募もあるが少ない。総合ディベロッパー、設計事務所、建設会社で職務経験を積んで転職するのが一般的。
●必要な資質：建設プロジェクト全体を俯瞰したうえでのマネジメント能力。顧客の立場に立って問題解決する姿勢。
●関連資格：日本CM協会認定コンストラクションマネジャー、1級建築士、宅地建物取引主任者、1級施工管理技士など。

Interview

発注者の立場から建築を
マネジメントする

内藤滋義（三井不動産アーキテクチュラル・エンジニアリング CM本部）

　"CM"と聞いて、どんな職能が思い浮かぶだろう。正確に答えられる人は少ないのではないだろうか。CMとはコンストラクションマネジメントの略。発注者の代理で中立的な立場から建設プロジェクト全体を調整する仕事のことだ。不動産市場が世界的に流動化する現在、建設プロジェクトを経済とモノづくりの両面からマネジメントできる人材として密かな需要をはらんでいる。

　熊谷組で設計の仕事をしていた内藤滋義氏がCM業務に興味を持ち始めたのは、入社5年目にCADの標準仕様を作成したときだ。「当時はCADだけではなくCALS（電子納品）や電子調達も注目されていた時期で、私も電子商取引への関心から発注者の代わりにうまく仕事をまわすCMという職業を知り、興味を持ちました」。

　そんなとき森ビルで電子商取引のサイト構築を始めるという話を

ないとう・しげよし
1971年、山梨県生まれ。1996年、工学院大学大学院修士課程（建築学専攻）修了後、熊谷組入社。商業施設やマンションの設計業務、全社共通のCAD基準の策定業務などにかかわる。2001年、森ビル入社。ソフトバンクとの合弁会社シーエムネットに出向し電子商取引サイトの構築やCM業務にかかわる。2006年、外資系不動産投資会社に入社。オフィスビルのバリューアップ計画等のCM、PM業務などに携わる。2011年より現職。1級建築士、宅地建物取引主任者、ファイナンシャルプランナー。

知り転職。発注者と施工会社を結ぶ電子商取引サイト「シーエムネット」の運営と、その会員の発注をサポートするかたちでのCM業務にかかわるようになる。

ただしゼネコンが施工会社や専門工事会社を選びプロジェクト全体を調整するのが一般的な日本では、電子商取引というかたちはなじみにくかった。そのころ外資系不動産投資会社で建設工事がわかる人材の募集を知り、2度目の転職をする。「機関投資家から預かった資金を全世界で不動産や証券に投資し運用益を投資家に還元する、というビジネスの日本の部分を担当する会社でした」。

内藤氏がかかわっていたのは"不動産ファンド"。投資家から集めたお金（ファンド）で建物を買い、数年で建物をバリューアップして売る"売却益"とテナントからの家賃の"運用益"で収益を上

外資系不動産投資会社時代に手掛けたバリューアップ工事の例。トイレや空調、エントランスといった部分はビルの価値にかかわるため特に重視される（左：工事前。右：工事後）

げるビジネスモデルだ。「一般的な不動産投資会社は投資家の意向を踏まえて不動産を運用するアセットマネジャー（AM）が、建物を最適化する業務を担うプロパティマネジメント（PM）会社と組む。つまりハードは外部に依頼します。しかしそこは少し特殊な会社で、社内に物件の技術的側面がわかるCMを抱えていたんです」。

　業務は建物のバリューアップ、用途変更、遵法化、耐震補強などの計画をAMとともに立ててマネジメントすることだ。売り抜くまでの5年間は持ちそうだから空調の修繕はやめる、エントランスをきれいにすれば賃料が上昇する、といったことをAMが考え、CMはその条件下でどんなプランが可能か検討する。

　しかし、リーマン・ショックやギリシャ危機等による世界的な金融動向がもたらす影響により、不動産ファンドの状況が一変する。

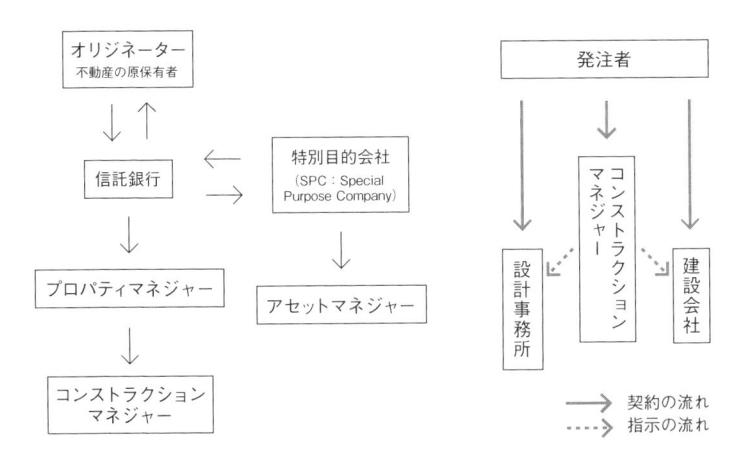

```
オリジネーター
不動産の原保有者
   ↓↑
  信託銀行  ←  特別目的会社
           →  (SPC : Special
              Purpose Company)
   ↓              ↓
プロパティマネジャー    アセットマネジャー
   ↓
コンストラクション
マネジャー
```

```
           発注者
            ↓
           コンストラクション
           マネジャー
   ↓        ↓         ↓
設計事務所 ←‥‥→ 建設会社

→    契約の流れ
‥‥> 指示の流れ
```

左:外資系不動産投資会社での業務フローの一例。実質的にはアセットマネジャー(AM)とプロパティマネジャー(PM)+コンストラクションマネジャー(CM)が業務を行う。用語に横文字が多いのは、世界経済のグローバル化の中で海外から輸入された新しい概念だから。右:国内ディベロッパーでの業務フローの一例

外資系ならではの雇用形態から内藤氏は退職を選択する。「でも自分が担当した物件はほぼ売却が完了。しっかりした仕事はできたと思います」。退職後内藤氏は「あくまでも建築にかかわる仕事をしたい」と不動産のハードにかかわる職を探し、現在は希望していた新築物件のCM業務に携わっている。

内藤氏のさまざまな経験の中でも特によかったのは、外資系不動産投資会社でAMとともに発注者、つまりお金を出す立場から建築を見られたことだという。「現在の不動産市場では世界経済と連動する、国境を越えた都市間競争が起きています。単純に"良いものをつくりたい"というだけの論理は通用しません。良い建築、良い都市をつくるためにも経済原理と建築と、両方がわかる人材が求められているのです」　　　　　　　　　　　　　(取材・文=平塚 桂)

21 プロパティマネジャー

建物を見守り、価値を最大化する

　プロパティマネジャーは、建物の管理を行い、建物の価値を最大化する仕事である。建物を建設する時間に比べて、その後建物を利用する期間は、はるかに長い。長期的な目線で建物管理を行うのがプロパティマネジャーである。

　プロパティマネジメント（PM）とは、建物所有者等から業務委託を受け、収益建物の管理を最適化し、収益の安定化や資産価値の向上の実現を図る。アセットマネジャーが建物群の総合的な戦略を決定するのに対して、プロパティマネジャーは個別の建物の価値の最大化を目指すという違いがある。

　不動産証券化やCRE戦略といった、建物の運営が収益を生み、収益向上を図るという視点が導入されてからプロパティマネジメントという仕事の重要性は大きくなったといえる。従来からの建物の維持管理といった受け身の管理だけでなく、テナントの管理や交渉・誘致といった攻めの管理も求められるようになったことで、プロパティマネジャーという職能が確立された。

　プロパティマネジメントを担当する会社は、3つに大別される。多くの建物を供給する総合

ディベロッパー・不動産投資会社系のPM会社、不動産仲介系のPM会社、設備・ビル管理系のPM会社である。

　総合ディベロッパー・不動産投資会社系のPM会社は、自社物件の利益を最大化できるメリットや大手のネットワークと信用力を生かしたサービスが展開できることを強みとしている。不動産仲介系のPM会社は、テナント管理や誘致など収益業務に強みを発揮する。資産の売却など出口戦略のノウハウも豊富だ。設備・ビル管理系のPM会社は、技術力を利用した一元管理システムの構築や、長年培ってきた管理ノウハウを生かしたきめ細かいサービスを得意とする。

　プロパティマネジャーとなるためには、PM業務に関連する不動産、建築（特に設備・電気の需要が多い）いずれかの知識が求められる。優れたプロパティマネジャーとなるためには、長期的な視点で建物と付き合い、キャリアの中で複数の分野をまたぐ知識を身に付けていく姿勢が重要だ。　　　　　　　　（納見健悟）

●主な就職先：総合ディベロッパー・不動産投資会社系、不動産仲介系、設備・ビル管理系のプロパティマネジメント会社。
●就職方法：一般公募あり。設計事務所や建設会社での経験を生かしての転職も多い。
●必要な資質：長期的な目線で建物をとらえる力。建物に関する膨大な情報の収集・整理能力。
●関連資格：宅地建物取引主任者など。

Interview

ストック型社会に向け、建築の価値を問い直す

田村誠邦（アークブレイン）

　アークブレインを主宰する田村誠邦氏は、建築企画という領域を切り開いている。建築企画とは、事業の実現可能性を考えるための、企画から運営に至る、設計をはるかに越える広がりを持つ行為だという。「設計の条件を決めるのが企画ではありません」。

　建設省建築研究所が中心となり開発したスケルトン定借（つくば方式）といわれる仕組みは、分譲と賃貸に対して、利用権という第三の権利形態を目指した新しいシステムであるが、田村氏はその具現化と普及活動に協力。それは、独立後初めての仕事でもあった。

　その経歴に特徴がある。まずゼネコンで建設現場と開発部門を経験、次に都市計画事務所で働いた。「土地を持つ人はこんなに偉いのか」と実感したバブル期、そしてバブル崩壊。土地の価値が大きく変わる現場を目の当たりにする。35歳で独立すると決めていた田

たむら・まさくに
1954年、東京都生まれ。1977年、東京大学工学部建築学科卒業後、三井建設入社。1986年、シグマ開発計画研究所入社。同社取締役を経て1997年、アークブレイン設立。2011年より明治大学理工学部客員教授。2008年日本建築学会賞（業績）、2010年日本建築学会賞（論文）受賞。1級建築士、不動産鑑定士。著書＝『建築プロジェクトのコストプランニング』（共著、建設物価調査会）、『建築企画のフロンティア』（建設物価調査会）、『スケルトン定借の理論と実践』（共著、学芸出版社）、『マンション建替えの法と実務』（共著、有斐閣）ほか。

　村氏は、会社員時代に1級建築士と不動産鑑定士の資格を取得。当時、この2つを持つのは全国でたった十数人、今でも100人に満たない。予定より数年遅れて独立してからは、建築、都市計画、不動産、法律、金融といった横断的な知識を活用し、マンション再生、不動産資産の再生事業や都市の再生など幅広い活動を展開する。

　日本における不動産の根本的な問題をこう指摘する。「最大の問題は区分所有です。区分所有以外のハウジングの所有形態を実現することが大きな課題です」。現在、多くのマンションは廊下などの共用部や敷地が共有化されており、大規模修繕や建て替えには区分所有者の合意が必要とされる。マンションの建て替え問題が深刻化する背景には、この権利関係がある。2008年に建築学会賞を受賞した求道学舎の再生事業は、文京区本郷の築80年の鉄筋コンクリー

田村氏が保存・再生計画に携わった「求道学舎リノベーション住宅プロジェクト」。改修後のエントランス・アプローチ。大正15（1926）年に建てられた学生寮「求道学舎」（設計＝武田五一）を、コーポラティブ方式による集合住宅として再生した。2008年日本建築学会賞（業績）受賞

ト造学生寮が、定期借地権（62年間）付きコーポラティブ・ハウジングとしてリノベーションされた事例であるが、区分所有ではなかったから再生可能だったという。

　アメリカにおける中古物件の流通量は、年間着工戸数の3、4倍であるが、日本は6分の1ほど。「日本人は、金融資産より不動産資産を多く持っているのだから、もっとまじめに取り組まないと。今や国民の10分の1がマンション居住者です。年を経ても使い続けることができる、つまり市場で評価される普遍的な価値を持つことが、建築に求められているのです」。そのためには、平面的な広さや高さなど、空間に余裕がなくてはならない。法規制ギリギリで設計するなど、短期的視点でつくられた特殊解は長期的な価値になり得ないという。利用者、時代、社会が変わっても、継続して用い

改修前の様子。耐震診断の結果、コンクリートの状態はおおむね良好。耐震補強が行いやすい構造形式であったことも、再生を可能にした1つの要因だ

ることができる転用可能な建築が資産価値となり、社会資産として維持できる。

　田村氏は、築30年を超えるマンションの大規模改修や耐震補強、大規模団地の建て替え事業にもかかわっている。「現在の制度は、経済成長を前提につくられています。人口や経済が縮小する時代の中でも活力ある暮らしができるような仕組みをつくっていくことが必要です」。ストック型社会を迎え、田村氏のように複数の専門領域を横断する職能を持つ人材は、今後、ますます求められてくるだろう。「いろいろな立場で建築を見る目を養うことが必要。若いときから異業種の人たちと積極的にかかわり、いろいろな経験をし、社会をよく見て、多様なネットワークを築くことが大切だと思いますね」

（取材・文＝松田 達）

22 ファシリティマネジャー

建築と経営を結び付ける新しい職業

　人間が働きやすい環境をつくり出すにはどうしたらよいのか？　ファシリティマネジャーとは耳慣れないかもしれないが、それを追求する職業だといえるだろう。

　ファシリティマネジメント（以下FM）は、働く人々の効率を上げ、経営に役立てていくために、ハードとソフトの両面からオフィス環境を整えることを目的とする。FMは1970年代後半の不況下のアメリカで生まれた経営管理手法であり、90年代になるとIT技術を取り込み、欧米ではかなり普及している。内装、家具、照明、空調設備といったハードと、ホスピタリティのサービスといったソフトの両面からなる環境の充実によって、知的生産性を上げることを目的とする。建物をつくることから運用まで、一貫して企業の経営戦略に合わせて環境を管理するのがファシリティマネジャーの仕事である。日本では、1997年に公認ファシリティマネジャー資格試験が初めて行われ、毎年400～500人程度が合格しているという。

　敷地と与条件を与えられて設計するのが建築設計者の仕事だが、ファシリティマネジャー

は経営方針に沿って、設計事務所に依頼する与条件をつくるところから建物にかかわる。さまざまに与条件を変えてシミュレーションもする(これをブリーフィング、あるいはプログラミングという)。

　さらに大事なことは、建物が完成した後の運用も管理することである。働きやすい環境を実現するために求められるホスピタリティは、クライアントによって異なる。したがって、一流ホテルで行われているような、ホスピタリティ教育にかかわることもある。FMとは、従来の設計概念を大きく拡充させる職能である。

　従来、企業の総務課が担ってきた仕事であるが、文系出身者が多いこうした部署で、建築を学んだ人々は今後重要な役割を果たすだろう。また、建築設計者がファシリティマネジャーとかかわる機会も増えていくに違いない。FMを学べる学校は日本ではまだ少ないが、今後建築の専門家が活躍を求められる領域である。

（松田 達）

●主な就職先：不動産会社、コンサルティング会社。また、一般企業の総務部など。
●就職方法：不動産関係などのFM関連職から転職、あるいは会社内で経験を積み、資格取得を経て、FM関連部署への異動など。実務経験や専門知識が重視される。
●必要な資質：不動産、建築、インテリア、設備、経営、サービスといった幅広い知識と経験。プロジェクト管理能力、社会性、人間性、分析力、調整力、企画・プレゼンテーション能力など。
●関連資格：公認ファシリティマネジャー、CFM (Certified Facility Manager)、建築物環境衛生管理技術者、不動産鑑定士。

Interview

ファシリティマネジメントという空間的経営戦略

松岡利昌（松岡総合研究所 代表・名古屋大学大学院 特任准教授）

　日本におけるファシリティマネジメントの牽引役を果たしたのが松岡利昌氏である。松岡氏はMBAを取得した後、外資系企業で経営コンサルティングなどに携わってきたが、もともと建築やアートに対する関心が高く、それらを経営戦略と結び付けることができないか考えていたという。

　「アメリカで教育を受けたときに、そういう職種があるということを知りました」。それがファシリティマネジャーである。氏は新聞や雑誌などを通して日本への紹介を始め、後に『ファシリティマネジメント・ガイドブック』（日刊工業新聞社）という資格試験の教科書でもある書籍にまとめられる。

　ファシリティマネジメント（利便性を図るもの・施設の経営管理、以下FM）は、働く環境を整えることによってパフォーマンスを上

まつおか・としあき
1959年、大阪府生まれ。慶應義塾大学卒業。米国ハーヴァード大学留学を経て、慶應義塾大学大学院経営管理研究科修士課程修了(MBA取得)。外資系コンサルタント会社勤務を経て1991年、松岡総合研究所設立。美術、建築、デザインと経営戦略の視点からファシリティマネジメントコンサルティングを行う。現在、名古屋大学大学院環境学研究科特任准教授。著書＝『メイド・バイ・メルセデス』（ダイヤモンド社）、『総解説ファシリティマネジメント』（共著、日経新聞社）ほか。

げる経営手法のことであり、日本ファシリティマネジメント推進協会（JFMA）によれば、「企業・団体等が組織活動のために施設とその環境を総合的に企画、管理、活用する経営活動」と定義されている。アメリカでは、人（People）、仕事（Process）、場所（Place）とIT技術を総合的に調整し、生産性を発揮するために最適な環境を導き出す考え方とされる。そこにはインテリア、家具、設備からケータリング、受付などのサービスまで、あらゆるものが含まれている。経営戦略に合わせたFM戦略を立て、プラン・ドゥ・チェック・アクションという改善モデル（PDCAサイクル）によって、つくることから運用することまで管理する。

　その活動範囲は広い。例えば、企業の移転の際、自社ビルがよいか貸しビルがよいか、働く人たちにとっての利便性・快適性をどう

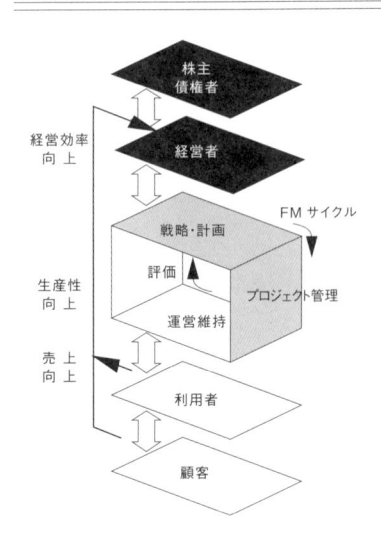

ファシリティマネジメント(FM)の効果。FMの導入は、①コストミニマム(投資、ファシリティコスト〈施設運営維持費〉の最小化)②エフェクトマキシマム(合理性、機能性、生産性、快適性、環境適合性、組織イメージアップなど)③フレキシビリティ(将来の発展・変化への柔軟な対応など)④社会・環境対応(ライフサイクルマネジメントや省エネ対策など)といった、経営的効果を導くことができる(出典:『総解説ファシリティマネジメント』日本経済新聞社)

図り、生産性をいかに向上させるかなど、総合的な視点からシミュレーションして経営者にアドバイスする。オーナーが複数いる証券化ビルを借りるときには、ビル側管理者であるプロパティマネジャーと交渉する。「貸す側はフロアをいかに高く貸して収益を上げるかを考えている。しかし、いくら有名な建築家のつくった建物であっても、空調が非効率で使いにくかったら、そこを借りた企業側は大変な損害を被る。ファシリティマネジャーは、そういう場面で企業側に立ち、ビル側と交渉するんです。そのときには当然、不動産も建築も分かっていなくてはなりません。こうした仕組みは欧米では当たり前のことで、ファシリティマネジャーはたくさんいます」。彼らはオフィスの維持管理を担当するだけではなく、経営戦略にも関与する。

「名古屋大学 豊田講堂」1960年竣工、2007年改修(建築設計=槇文彦／槇総合計画事務所)。松岡氏は、名古屋大学が導入したFMを手掛けた。中長期的な方針で建物の運営維持計画を設定・管理する。第2回JFMA大賞優秀ファシリティマネジメント賞を受賞

　1級建築士は30万人近くいるのに、資格を有するファシリティマネジャーはわずか7,000人しかいない。「建築を勉強した人たちが、管理運営を含めた経営に入っていくチャンスだといえます。ハードのことがわかるマネジャーが求められているんです」。

　建築家を目指す人たちにとっても、FMは今後重要になってくるだろう。松岡氏は「デザイナーは、建物やオフィスをつくるだけではなく、どう使われるかも考えてほしい。つくりっ放しではいけない」と言う。まだ日本ではあまり知られていない存在だが、いまやファシリティマネジャーは全世界に通じる職能として、注目を浴びているのだ。

(取材・文=松田 達)

23 建築計画者

建築の
ソフトとハードをつなぐ

　病院、学校、劇場、集合住宅など、大規模で公共性が高い建築物を対象に、施設の社会的位置付けや設計の方向性を指し示し、専門的立場から設計者をサポートする仕事である。海外では、実際に設計を行う建築家とは別に、クライアントが別の建築専門家をコンサルタントとして雇うことが多いが、日本の建築計画者の位置付けは、そうしたものに近い。建築家の選定に深く関与することも多く、心理学や社会学など他領域の学問のほか、法律・制度運用や事業計画などに対する精通も求められる。

　ベースは建築学の学問分野の1つ、建築計画学である。高度成長期には標準プランをつくり出すと共にその科学的根拠を提供する役割を担っていたが、人口が減少し、利用者ニーズも多様化する中で、その役割が近年大きく変化している学問領域である。建築計画者の役割もそうした変化に対応して、2次元のプランを提供する旧来型から、社会や経済との複雑な関係に対応した柔軟な回答を提供するタイプへと変わりつつある。

　実際の作業としては、面積配分や動線につい

て計画を練るほか、設計者への専門知識の提供、計画を円滑に進めるための根回しやアドバイスなどを担うことが多い。しかし、中には、デザインに深く関与する建築家的な計画者や、行政や経営者と使い手、そして設計者との間をつないで経営戦略を練ったりするプロデューサー的な計画者もいる。ビルディングタイプごとの専門研究者から発展したケースが多いが、さまざまな建築種に横断的にかかわることもある。

　ビジネス的には、プロジェクトの要求性能を保証するため建築家にプランニングやスペックを指導する欧米のコンサルタントに似通った位置付けにある。しかし、大型コンペの勝利にはそうした職能が必須ともいわれ、契約的にも責任の所在と報酬が明確化されることが多い海外の事例に比べて、日本では業務範囲があいまいな傾向が強く、報酬もその働きの割には十分とは言い難い。結果、大学関係者が研究・教育の合間を縫ってかかわることが多く、経済面での課題も多い。　　　　　　　　　（平塚 桂）

●主な著名人：上野淳、小野田泰明、清水裕之、外山義（故人）、長澤悟、本杉省三など。
●必要な資質：設計リテラシーが高いこと。実際の施設の現場に精通していること。情報を科学的に統合できること。コミュニケーション能力があり、一歩引いて全体（社会、未来）を考えられること。
●関連資格：特になし。

Interview

建築家をサポートする名脚本家

小野田泰明(建築計画者)

　小野田泰明氏は、機能の組み替えにより、せんだいメディアテークを新しい施設型のプロジェクトとする端緒を開いたのをはじめとして、演劇工房10box(2003年)、横須賀美術館(2007年)など、建築計画者として数々の建築にかかわっている。計画と共同設計を兼ねたものとしては、建築家阿部仁史との共同で日本建築学会賞を受けた苓北町民ホール(2002年)のほか、みかんぐみとの共同による伊那東小学校(2008年)などがある。設計競技への参画も多く、ヨコミゾマコトらと共同した宇土小学校(2008年)、小泉雅生とつくり上げた小田原市城下町ホール(2005年)では、惜しくも2等となりながら先鋭的な提案で注目を集めた。その他、設計者選定のコーディネートも手掛けるなど、かかわり方も共同する建築家も、そしてビルディングタイプも多彩な点がユニークだ。「建築計画者の仕

おのだ・やすあき
1963年、石川県生まれ。1985年、HPデザインニューヨーク勤務。1986年、東北大学工学部建築学科卒業。1986年、同大キャンパス計画室。1993年、博士号取得。1998〜99年、UCLA客員研究員。現在、東北大学大学院教授。アーキエイド実行委員として東日本大震災の復興計画に携わる。計画者として参画したプロジェクト＝せんだいメディアテーク（2001年）、横須賀美術館（2007年）。共同設計作品＝苓北町民ホール（2002年）、伊那東小学校（2008年）ほか。

事は一般的にはコンセプトづくりや平面チェックですが、僕は設計者とひざ詰めでかなり図面を詰めますし、納まりからコスト調整まで幅広くお手伝いすることもあります。初期から入れれば、運営の枠組みや設計者選定の進め方にかかわることもあります。何だか節操がありませんが、必要なら何でもやるって感じですね（笑）」。

小野田氏はこれまでほぼ一貫して、国内での軸足を東北大学に置いている。キャリアのスタートは学部を卒業してすぐのことだ。建築計画学を専門とする菅野實助教授（当時）の誘いを受け、大学キャンパス再開発の専属助手を務めることになった。「大学の施設部と先生方、そしてサポートに付いた設計事務所との三角形の中で、基本計画をまとめていました。大学院1年の年齢でいきなり事務局幹事のような立場で放り込まれて、いろいろな人たちの間でさまざ

「せんだいメディアテーク」2001年（建築設計＝伊東豊雄建築設計事務所）。小野田氏はプログラム設定など公開コンペの運営にかかわった

な調整を行いました。いや、きつかったです」。

　現在のような仕事への転機となったのは2001年竣工のせんだいメディアテーク。そのかかわりは1994年にさかのぼる。研究室を訪れた仙台市のスタッフから、ギャラリーと図書館などを合わせた施設を公開設計競技にするための助力を請われたのだ。プロジェクトを任された小野田氏は「アートとインフォメーションという2つの機能を動的に連動させれば、新しい施設型がつくれる」とプログラムを書き直すとともに、それを実現し得る審査委員長として磯崎新氏に白羽の矢を立てた。

　磯崎氏といえば、数々のコンペ審査や建築のコーディネーターを手掛ける超大物。ちょうど横浜大さん橋国際客船ターミナルのコンペにかかわっており、忙しい時期だった。しかし、磯崎氏を招聘す

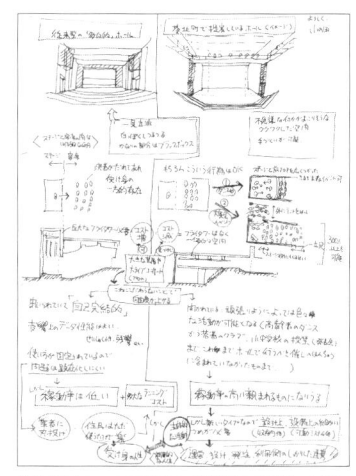

苓北町民ホールの計画中、建築家の阿部仁史氏に
送った小野田氏のアイデアスケッチ

るために必要な権限範囲を予測して、仙台市の了解を事前に取り付けた上で軽井沢の磯崎別荘に乗り込んだ小野田氏の粘りが通じ、審査委員長としての参加と「メディアテーク」というコンセプトを体現する強いネーミングが決定した。キャンパス計画で学んだ調整スキルが役立ったのである。

　裏方として建築を支える仕事を続ける理由を小野田氏はこう説明する。「格好つけていえば、いい映画（建築）を1つでも多く世に出したいという一念ですかね。そのためには、僕が監督（建築家）である必要は全くありません。それを成立させる条件設定こそむしろ決定項なんですよ。だから建築計画者という枠を借りて、映画では職能として確立している脚本家やプロデューサー的な仕事をやっているのかもしれませんね」　　　　　　　　（取材・文＝平塚 桂）

24 建築プロデューサー

建築家を育てるという職種もある

　プロデューサーとは、そもそもテレビ、映画、音楽といった分野において、商業的な成功に責任を持つ制作統括者のことを指す。言葉の意味は「生産者」。各業界でその役割は異なるが、大きく作品のプロデュース（総合制作者）と、作家のプロデュース（若手の売り出し）という２つの側面があるといえよう。映画などでは前者の、音楽では1990年代の小室哲哉に代表されるように後者の側面が目立っている。

　建築プロデューサーの先駆けとして知られるのが浜野安宏である。青山フロム・ファーストやキャナルシティ博多、渋谷QFRONTなど多くのプロジェクトに携わり、商業的に成功させた。浜野商品研究所という商品の企画・研究からスタートした浜野は、商品の領域を建築や都市の領域まで広げたといえる。

　ディベロッパーも、一種の建築プロデューサーといえる。梶原文生率いる都市デザインシステムは、関係者や権利関係が複雑であるコーポラティブハウスをはじめとして、必要に応じて建築家と組みつつ、多くのプロジェクトを手掛けて注目された。調整役的なプロデューサー

の役割を果たしたといえる。

2000年代以降、ネットコンペが流行した。一般の住宅クライアントがネット上で建築家のコンペを開くことが可能となり、施主と建築家をつなぐサイトとして普及した。同時に、個人の建築プロデューサーも増え始めた。主に住宅を対象とすることから、住宅プロデューサーともいわれる。『カーサ・ブルータス』などの一般誌により、建築家が認知され始めたが、まだ敷居が高いという背景もあるだろう。

長く建築プロデュース業を営む大島滋は、実力派から若手まで建築家をよく知る情熱的な建築プロデューサーである。いわゆる施主と建築家をマッチングさせる役割に加え、彼がいなければ世に出ないはずの、志の高い建築のプロデュースを目指す。有名無名をとわず起用をいとわない大島は、最も作家性の強いプロデューサーだといえるかもしれない。

建築プロデューサーは、まだ定義もあいまいで、さまざまな役割があるがゆえに、個性を生かせる職業であるといえよう。　　　　（松田 達）

●主な就職先:施工会社、ハウスメーカー、ディベロッパーなど。
●就職方法:一般公募に応募。営業職を経て、建築プロデュース業を立ち上げるケースが多いが、異業種からの転身もあり得る。
●必要な資質:建築家や建設業界に対する深い知識と強い営業力と調整能力。そして何より建築に対する情熱が、名プロデューサーを生む。
●関連資格:特にないが、1級建築士、インテリアコーディネーターなどの資格があると仕事の幅が広がるかもしれない。

Interview

ヒトとおカネを動かし
新しいコトと場を生み出す

広瀬 郁(トーン アンド マター)

　国内外の著名なデザイナーや運営者が参加したデザインホテル「CLASKA（クラスカ）」、上海の洋館をリノベーションし複数のレストランやギャラリーを併設した「diage（ディアージュ）」、畳の建材開発にまつわる事業など、ひとくくりにはできないさまざまなプロジェクトのプロデュースを行ってきたのが、広瀬郁氏である。いまだかつてない"新しい何か"を生み出したい。そのために、広瀬氏は「企画＝くわだて・えがくこと」にこだわる。いかに魅力的な案を企ててヴィジョンを描くか。多くの人とお金を動かしてプロジェクトを推進する鍵がここにあることを、広瀬氏は強調する。

　広瀬氏は、大学時代からプロデュース業を志していたわけではない。設計課題や卒業設計では優秀案に選出され、コンペ応募と入選を繰り返していたような学生だった。転機となったのは、卒業論文

ひろせ・いく
1973年、東京都生まれ。東京理科大学工学部建築学科卒業。1999年、横浜国立大学大学院建築専攻卒業。外資系経営コンサルティングファーム勤務を経て、2001年、都市デザインシステムに入社。ホテル「CLASKA」ではコンセプトメイキングから事業企画・プロジェクト推進まで総合的なプロデュースを担う。また事業再生ファンドに対して企画コンサルティングを展開。2004年から執行役員として上海事業部を担当し、「diage」を総合プロデュース。2008年、トーン アンド マターを設立。

でかかわった同潤会代官山アパートの調査。取り壊し前に多くの建物を実測して当初の計画意図や変遷をたどり、住民と接しているうちに、長い期間を経て熟成した場が持つ雰囲気やコミュニティを体感するようになった。また同時に、老朽化が進んだ建築物の問題点も。そして迎えた、解体と再開発。「場の価値がなくなってしまった喪失感は大きいものでした。こうした価値を残しながら、経済性を合致させて新しいモノをつくることができないか。ハードウェアのデザインだけを学んでも実現できないと痛感したのです」と振り返る。学校での勉強では、圧倒的に経済性、つまり「お金」のことがわからない。そこで、広瀬氏は就職先を経営コンサルティング会社に定める。クライアント企業に出向しながら会計系の仕事や経営効率の仕事に従事し、お金の仕組みを学んだ。

「同潤会代官山アパート」1927年。1996年に解体が始まるまで老朽化が深刻化していたが、豊かな環境やコミュニティも魅力であった

「CLASKA」2003年。鄭秀和氏（インテンショナリーズ）を起用し「新しいスタイル提案の融合」をコンセプトに再生を図ったデザインホテル

　いくつかのプロジェクトを経て、場所をつくる仕事に近づきたいと考えていた広瀬氏。その矢先、コーポラティブハウスのコーディネート事業を展開していた都市デザインシステムの社長・梶原文生氏と出会う。ずっと温めていた「デザインホテルをつくりたい」という願いは、デザイナーや物件との出会いが重なり、「CLASKA」として結実した。「どう暮らすか」をコンセプトに据えた、ホテルであり住まいの場所。この新規事業を責任者として担当した広瀬氏は、社外の人を巻き込み協働しながらプロジェクトを進めることを学ぶ。多様なプログラムを組み合わせながらいかに効果的にお金をかけ、全体の収支をどう合わせるか。頭を悩ませてコントロールした結果、オープン後は大きな反響を得て、地元の東京・目黒の利用者だけでなく全国や海外の宿泊者が多く訪れる人気の施設となった。

イグサの可能性を広げる「TATAMO!」事業。クリエイターが開発した床材製品を事業化すべく、急激に減少する栽培農家などをめぐり体制の構築を進める

自らがプロデュースしたピザ食堂「武蔵野カンブス」、アニメ・マンガグッズの店「TEBIC」の隣に事務所を構える。打ち合わせが多く、滞在時間は短い

　その後も、上海の「diage」のほか、上海万博での子ども向け職業体験パビリオン「Abilia（アビリア）」などを実現。その途中で独立した広瀬氏は現地にも会社を設立し、上海での事業展開も続けている。独立後一貫しているのは、企画やプロデュースに業務内容を特化していること。学生時代に得た課題に対する解答は、空間の使われ方をつくること、またプロジェクト自体をデザインする方向性にシフトしながら導き出している。「注意深く環境を読み解き、その街ではどのようなものが望まれているのか。事業主は継続してかかわることができるのか。周囲の人や利用者は本当に必要として愛着を持ってもらえるのか。同潤会で体験したような熟成した場をつくるために、こうした大原則は忘れたくない」と語る。

（取材・文＝加藤 純）

25 イベント・空間プロデューサー

広告と連動した新感覚の空間をつくる

　博覧会や展示会などのイベント空間、企業のPR施設や多店舗展開するショップづくりなど、広告にかかわる建築や空間をプロデュースする仕事である。広告（コミュニケーション）のツールとして、"企業が商品を見せる空間／客が商品を体感する空間"を提案し、販売する、広告業界の中では最も建築分野に近い職業である。ただし、自ら図面を描くというようなことはほとんどなく、あくまでプロジェクト全体のプロデュース・ディレクションがメインとなる。

　広告代理店や広告制作会社にこうした業務を行う部署が存在する。大手の広告代理店ではこうした仕事を広告制作会社に丸ごと外注するケースも多い。イベントは土日開催が多いため、イベント業務がメインになるとあまり休みがないのが実情である。資格は特に必要なく、1級建築士を持っていたとしても、関係者から「すごいね〜」と言われるくらいで、あまり意味はない。

　仕事には万国博覧会や東京モーターショーなどの大型イベントから企業のショールームや携帯電話会社のショップ展開まで、ありとあらゆ

るプロジェクトが存在する。仕事のやり方はさまざまであるが、基本的には企画から設計・施工・運営まで一貫して監理するのが主な業務。クライアントとの調整から設計者・施工業者、あるいは職人とのやりとりまで、プロジェクトの調整役として業務進行のかじ取りを行う。よって、一番大事なのはコミュニケーション能力。建築教育で培ったプレゼンテーション能力は大きな武器になる。多様な仕事に対応できる頭の柔らかさと時代の先を読むことも重要だ。ただし、1つのことを深く掘り下げて考えられず、流行を追い掛けがちになってしまうこともしばしば。ときには建築的な思考を捨てる潔さも必要となる。良くも悪くも、消費の海に飲み込まれることは覚悟していたほうがいい。その辺りをすべて理解した上で、まわりに踊らされず冷静に判断できる人が向いている。

　広告業界自体が過渡期にあり、さまざまな面で淘汰が始まっているため、こうした仕事の将来を不安視する見方もある。しかし、新しい媒体と連動させて、建築界からは出てこないような新感覚の空間を生み出す可能性を秘めている。　　　　　　　　　　　　（フリックスタジオ）

●主な就職先：広告代理店（電通、博報堂など）、広告制作会社。
●就職方法：一般公募に応募。小規模事務所の場合、直接連絡する。
●必要な資質：コミュニケーション能力、柔軟な思考力、総合的な判断力。
●関連資格：特になし。

Interview

メディアを駆使して建築・都市をつくる

馬場正尊(Open A)

　「改装OK」「倉庫っぽい」といった面白い条件で集められた賃貸物件が紹介され話題になったサイトが『東京R不動産』。事業主の安直な都合で計画されがちな貧しい日本の賃貸空間に、一石を投じるパイオニア的存在だ。このサイトを主宰するのが馬場正尊氏。彼は建築家であり設計事務所の主宰者であるが、もう1つ、メディアをつくるクリエイターという顔も持っている。

　彼はこのサイトを単なる不動産仲介業ではなく、1つの表現メディアと考えている。ヴォイドから都市を見る——こう言いながら、空き物件を見つけては考現学的に観察・提案する。そんなページが共鳴されて著名な情報サイトに成長した。そしてこのような都市へのかかわり方は、彼を中心とした多くのクリエイターたちの共感を呼んでイベントにもなった。「CET (Central East Tokyo)」と呼ば

ばば・まさたか
1968年、佐賀県生まれ。1994年、早稲田大学大学院修士課程修了後、博報堂入社。早稲田大学大学院博士課程、雑誌『A』編集長を経て、2003年、Open A 設立。設計活動を中心に都市計画、執筆、ウェブサイト『東京R不動産』の運営などを行う。現在、東北芸術工科大学准教授。著書=『「新しい郊外」の家』(太田出版)、『都市をリノベーション』(NTT出版)ほか。

れる、日本橋界隈の空きオフィスを使ったアート展もその1つだ。

馬場氏は大学院に通う傍ら、個人でいくつもの設計コンペに応募し入賞を繰り返していた。このときコンペ対策として審査員の背景や思想を調べまくったことが、建築に深く興味を持つきっかけになったという。すでに大手ゼネコンの設計部から就職内定を得ていた彼は、しかし漠然とした違和感を感じてもいた。「そんなとき、あるきっかけで広告のことを調べなければならず、読んだ本が面白かった。田原総一朗や泉眞也の話などを読んで、広告業は建設プロジェクトの枠組みを決める立場にあることに気付きました」。そこで、プロジェクトの上流で企画をする広告代理店に進路変更した。しかし、大手広告代理店は最も就職難易度の高い企業の1つだ。「建築学科の学生ほど広告代理店に向いている人はいないと思いまし

大学院在籍中、編集長として携わった雑誌『A』。特集「東京計画2000」を通じて都市批評・提案を仕掛けたり、サッカー特集を機にサッカー大会「A-cup」が始まるなど、この雑誌を通してさまざまなプロジェクトが生まれた

た。まずプレゼン能力があること。広告代理店の最終成果物はグラフィックや空間ですから。またマーケティングなど、企画に論理性が求められますが、建築もまたとてもロジカルな世界。そして何より、人前で自分の考えを伝えるというコミュニケーションの経験が積まれている」。

一般的に広告代理店は次の4つで構成される。クライアントと向き合いそのニーズをつかむ「営業」。新聞・テレビなどの媒体者と向き合う「媒体」。市場にどういうニーズがあるか、生活者と向き合う「マーケティング」。そしてCMやポスターをつくる「制作」。馬場氏はそのどれでもない「スペースデザイン」部に所属した。そこではモーターショーなどの大型イベントの企画、企業のショールーム企画、地方のまちづくり企画を行う、空間を制作するセクショ

馬場氏が初めて手掛けたコンバージョン計画「Untitled」。
1階は駐車場、2階は倉庫として使われていたため、水道も
なかったこの建物を自らのオフィスとして蘇らせた

ンだ。担当プロジェクトの1つに、中断された「都市博」がある。「まちづくりが、実際どのように決定されているのかが分かりました。優れた提案は突破力があるけれど、それを成就させるために水面下の動きが必要なことも。特に広告代理店には調整業務を期待されます。メディアの作用や面白さもわかった。広告代理店の人間は普通の生活者にどう伝えるか愚直なまでにまじめに考える人たち。一般大衆をバカにしない、マスな意見を尊重することも身に付きました。これは今の建築分野に欠けていることだと思います。大阪万博では建築家のクリエイティブが全体に与える影響が大きかったのに、今や全部の構造が出来上がった後の、まるでケーキの上に乗っかったイチゴのような立場です。でもそうじゃない、社会にコミットする建築家も必要だと思いました」。

「レトロな味わい」「改装OK」「倉庫っぽい」などのカテゴリー分けされたユニークな物件を紹介するサイト『東京R不動産』。不動産の新しい価値基準がつくり出されている

　思い立ったらすぐ行動に移す馬場氏であるが、まずは調査・研究から入る慎重な一面もある。1998年突如休職し、大学院に戻り「都市や建築などのハードウェアをつくるプロセスにおけるメディアの役割」を研究する博士論文を書き始める。また、同時期に早稲田の建築同人誌『A』を商業誌として立ち上げ直した。「雑誌は魔法の絨毯です。宮崎駿や石原慎太郎など、普通なら会えない人に会いに行けました。それから、情報は発信するところに逆流してくることも分かりました。最初は情報を必死に追いかけていましたが、そのうちカチッとスイッチが入ったようにまわりから集まってきた。小さなメディアでもプロジェクトを動かすドライバーになります。雑誌は企画書。捨てられない企画書です」。

　馬場氏は広告代理店に復職するもすぐに退職。設計事務所Open

「房総移住のススメ」を宣言する馬場氏。自ら土地を購入し自邸を建て、東京と房総の2拠点生活を始めた

Aを開業することになる。あるとき使われなくなったオフィスビルの改修設計を依頼された。それを機にテナントの付かない空きビルにデザインを施して新しい使い方を生み出す「R Project」をIDÉEの黒崎輝男氏らと立ち上げ、街を活性化させる動きとして注目を集めた。その後、馬場氏は空き物件から都市を見る『東京R不動産』に活動のベースを移した。「今注目しているのはオフィスです。オフィスは近代からほとんど成長していないビルディングタイプ。にもかかわらずその中で起こっているのは、多様で新しいコミュニケーション。また、家賃の高い都心から追われて住む郊外ではなく、積極的に暮らしの目的をもって住む、そんな"新しい郊外"の住まい方を自宅をモデルに模索しているところです」

(取材・文＝高木伸哉)

26 福祉住環境コーディネーター

建築・福祉・医療をつなぐまとめ役

　福祉住環境コーディネーターは、高齢者や障害者にとってより安全で快適な住環境を考え、より良い住環境を提案する職業。

　高齢化社会を迎えたことで、旧来の日本の住宅は、高齢者や障害者にとって不都合な点が多く、住宅内での事故は年々増加傾向にある。そのような中で、高齢者や障害者が安全に自立した生活を送れるような、また介護する側の負担を軽減できるような住環境づくりが求められている。

　そこで、より良い住まいづくりに向け、クライアントと建築・福祉・医療関係者などの専門家との橋渡し役・まとめ役として、建築、デザイン、色彩、福祉、医療、保健などの幅広い専門的知識を持った福祉住環境コーディネーターが必要となる。

　主な仕事としては、①バリアフリー住宅の新築、建て替え、リフォームの計画から施工におけるコーディネート、②福祉用具、介護用品、家具の選択と利用法のアドバイス、③福祉施策、福祉・保健サービスなどの情報提供、などが挙げられる。

また、公的資格として東京商工会議所が認定する福祉住環境コーディネーター（1〜3級）が設けられている。一般に1級、2級取得者は、住宅改修に介護保険の適用を受けるために必要な理由書を作成することができる。建築・福祉・医療などの総合的な観点からアドバイスできるので、クライアントからの信頼も得られやすく活躍の場は大きく広がっている。

　一方で、社会的認知度がまだ十分とはいえないようだ。福祉住環境コーディネーター専業というよりも、建築関係や福祉関係の仕事をしている人、専業主婦や学生などで関連業種への就職を目指す人が、スキルアップのために資格を取得する例が大半である。しかし今後、超高齢化社会に向けてますますその需要は高まると見込まれる。近年では、福祉住環境コーディネーターが業務を手掛けていることを特徴にする工務店や住宅リフォーム専門会社も増加。福祉関係の会社では、社員に検定試験を受けることを推奨する会社も出始めている。　　　（大西正紀）

●主な就職先：介護保険の指定事業者、老人福祉施設、在宅介護支援センター、工務店、住宅設備メーカー、福祉機器メーカー、建築設計事務所、建設会社、リフォーム会社など。
●必要な資質：コミュニケーション能力、ヒアリング能力、倫理観、知的好奇心。
●関連資格：ケアマネジャー、ホームヘルパー、社会福祉士、介護福祉士、保健師、理学療法士、作業療法士、言語聴覚士。

27 リフォームアドバイザー

高齢化住宅を支える住まいドクター

「リフォーム」という言葉が世の中に浸透し始めて十数年。今では「リフォーム＝改修」という意味で完全に認知されるようになり、その対象は、全面改修・増築、耐震補強、水まわり・外壁・屋根の取替え、内装改修、バリアフリー化など、建築を取り巻くさまざまな要素へと拡張している。

これらの目的は、「生活向上」と「メンテナンス」に大きく二分される。リフォームアドバイザーとは、その両方に応えるために、クライアントの持つ住まいに対する悩みや不便さを理解し、暮らしやすさ、安全性、快適性、デザイン性などを考慮しながら、具体的なリフォームプランを一緒になって考え、提案し、そのプランを実現する仕事だ。

具体的には、クライアントの要望と予算を基に、リフォームプランの提案や積算業務を経て、契約を行い、メーカーへ建材等を発注する。工事手配およびその施工工程を監理することも多い。リフォームという仕事は、ほとんどがそのクライアントが住みながら工事を行っていくという点で、新築工事とは異なる。クライアント

や工事スタッフとのコミュニケーション力はもちろんのこと、工事の追加や変更が常に起こる状況に臨機応変に対応できる能力も必要とされる。また、相談会の企画など、ほかにもさまざまな仕事がある。

近年では、住宅メーカーを中心に、リフォームアドバイザーを増員する傾向にある。工事が完了した後も、定期的に現場を訪問し、万が一不具合などが生じた場合、最後まで責任を持って改善するアフターサービスの充実を図る。そうすることで、クライアントとの信頼関係を築き、さらに再度の工事依頼や次のクライアントの紹介へとつながっていくようだ。

「リフォームアドバイザー」という国家・民間資格はないが、全国の自治体レベルで資格制度をつくり始めている。例えば、茨城県では、木造住宅耐震診断士の資格を持つ建築士を対象に、リフォームに関する専門的な講習会を実施し、リフォーム全般に習熟した建築士を養成し、「住宅耐震・リフォームアドバイザー」として認定する制度が創設されている。　（大西正紀）

- ●主な就職先：住宅メーカー、内装・リフォーム会社、インテリアデザイン事務所や建築設計事務所、建設会社。
- ●就職方法：一般公募に応募する。大手企業の場合、大学を通じて半ば推薦のようなかたちで就職が決まることもある。小規模および個人事務所の場合、直接連絡する。
- ●必要な資質：コミュニケーション能力、協調性、交渉力。
- ●関連資格：特にないが、一部の自治体が資格制度をつくり始めている。

28 政治家

政治家こそが、究極的な建築家?

　建築家と政治家は、意外と距離が近い。建築を越えて、都市的スケールのものごとを動かそうとすれば、結局強い決定権を持つことが必要である。政治家にも議員や君主などいくつかのタイプがあるが、特に地方公共団体の長になった場合、その地区のあらゆる計画を決定するという意味で、ある意味究極的な建築家だといえる。

　建築家から政治家を目指した代表的な例では、2007年に東京都知事選挙、参議院議員通常選挙と続けて出馬した共生新党の黒川紀章が挙げられるだろう。落選したが、選挙を通して自らの思想を社会に問うた。建築家ではないが、建築史家であり都市文化論の専門家でもある橋爪紳也は、2007年に大阪市長選挙に出馬した。同じく落選したが、まちづくりに関心を持つ橋下徹大阪府知事のもとで、安藤忠雄とともに政策アドバイザーに任命された。建築家で日本初の区長となったのが、2000年から2004年まで港区区長を2期務めた原田敬美である。原田は豊富な海外経験を持ち、港区のブレーンを長年務め、同区の都市開発が活性化したことをきっかけとして区長になる。1級建築士やま

ちづくりの専門家としての経験を生かした区政が評判を生んだ。さかのぼるが、辰野金吾とともに辰野片岡建築事務所を開いた建築家片岡安（1876年金沢市生まれ）が、1934年から1936年にかけて金沢市名誉市長であったことも挙げておきたい。

　外国では、アドルフ・ロース論で知られ、ヴェネツィア建築大学の教授も務めた哲学者・美学者のマッシモ・カッチャーリが、下院議員を経て、3期にわたりヴェネツィア市長を務めている。建築家・都市計画家出身の政治家として最も有名な例は、ブラジル、クリチバ市の市長を1971年から1992年の間に3期、パラナ州の知事を1994年から2002年まで務めたジャイメ・レルネルであろう。レルネルは、生活者の視点に立ったまちづくりにより、クリチバを世界で最も有名な環境都市へと変貌させた。最後に、レム・コールハースが、「僕は政治家になりたい」と発言していたことも挙げておきたい。建築家が超巨大なプロジェクトを動かすということは、必然的に政治的な出来事でもある。

（松田 達）

●主な著名人：黒川紀章、原田敬美、ジャイメ・レルネル。
●就職方法：選挙への立候補が直接的だが、まちづくり関連職などを長年務めることも重要な経験だといえるだろう。
●必要な資質：リーダー気質。必要というより希望として、正義感、弱者への配慮の気持ち。
●関連資格：政策担当秘書資格、国家公務員I種。

29-33
ものづくりの現場で働く

当然だが、紙に線を引こうと、コンピュータの画面をいじくろうと、
最終的に建築は圧倒的なモノとして立ち現れる。
その現場は汗を流して体を動かす、体育会系の世界だ。
空想的なプロジェクトでない限り、
どんなに高尚な建築理論が語られようと、
さまざまな職人が数多く出入りし、
手や足の裏で素材の感触や重さを感じながら、
実際の建築がつくられる。
現場で、ものづくりの喜びをダイレクトに味わえるのも、
建築というジャンルならではの面白さだろう。　　　　（五十嵐太郎）

つくるよ!! 造くん

→ マッチ棒

子供のころから手を動かすのが好きだった

造はえらいな〜

幼い時はほめられたものだが

またゴミ箱増やして

アニキ傘の柄勝手に彫るなや

今では文句しか言われない

つくってもつくっても叱られない

この職場は天国です

29 建築現場監督

ガテン系を束ねる
3K職場のエリート

　建築現場において設計図を基に建物等をつくり上げるため、品質・コスト・工期・安全・環境にかかわるすべてのマネジメントを行う。大規模な超高層ビル等の新築工事から小規模な店舗等の改装・解体・各種調査に至るまで、そのフィールドは多岐にわたる。住宅やリニューアル等の専門分野に特化した会社もあるが、大半のゼネコンではあらゆるフィールドが用意されている。いずれも限られた少数のスタッフの意思で数千万〜数百億円の工事の計画・発注・管理を行い、創意工夫により原価を低減し利益を創出することから、しばしば現場運営は企業経営そのものに例えられる。

　就労環境としては、ブルーカラーの中でも3Kの象徴とされてきた。近年は労働基準監督署等の指導強化の背景もあり長時間労働は改善の傾向にあるが、土やコンクリートにまみれ、悪天候下での作業を余儀なくされることも少なからずあり、まだまだ3Kのイメージは解消されていない。就職形態は、学校推薦等の定期入社が多数を占める。一定規模の現場には国家資格を持った監理技術者の常駐が義務付けられてお

り、最近の人材不足を背景に、資格保有者は中小ゼネコンや派遣会社から大手ゼネコンに転職する機会も増えている。

　設計図を基に現場で作製する施工図、鉄骨やサッシ等の製作会社が作製する製作図等を形にするためのさまざまなスキルが必要となるが、建築系の学校を卒業してもこのスキルはほとんど身に付いておらず、ゼロからのスタートと考えてよい。学生の間には、国家資格取得のための知識に加え、顧客、官庁、設計事務所、専門工事業者の経営者、鳶・大工等の職人といったさまざまな階層の人たちと仕事ができる幅広いコミュニケーション能力を身に付けておきたい。

　構造計算書偽装問題以後の規制強化に伴い、現場では使わない報告書類が増加する傾向にあり、本来のものづくりから懸け離れた机上の空論に辟易する現場技術者も多く、バブル崩壊後、急務とされている新しい建設生産システムへの移行にブレーキをかけている感がある。とはいえ、建物はいずれも単品生産であり、1つひとつの現場に改革のパイオニアになるチャンスがある。改革ができなくても、建物の竣工時には大きな感動を味わうことのできる職種である。

- ●主な就職先：ゼネコン、工務店、ハウスメーカーなど。
- ●就職方法：大手、準大手、中堅いずれも、学校推薦が多いが、一般公募や中途採用の機会も増えている。
- ●必要な資質：体育会系、判断力、コミュニケーション能力。
- ●関連資格：建築士（1、2級）、建築施工管理技士（1、2級）など。

Interview

世界で通用する
プロジェクトマネジャー
を目指して

正光俊夫（大成建設 建築本部技術計画部）

　正光俊夫氏は、高校卒業後、米国の大学でコンストラクションマネジメントを学んだ。カリキュラムは実践的で、「大学時代に学んだ工程管理の考え方や工程管理ソフトを使ったプロジェクト管理経験は、今も十分に実務で活用できている」と振り返る。卒業プロジェクトも指導教官からビジネスレターをもらい、要求事項に対して問題解決を提案するという実際のビジネス慣習を模したものだった。

　留学中に9.11が起こり、米国の就職市場は一変。情勢を見極めて日本へ帰国し、「日本の企業に勤めて海外に進出する」という目標のもと、海外進出を掲げている大手ゼネコンを志望し、採用に至る。

　入社後、最初の配属先は国内の現場だった。現場に配属される新入社員は、経験豊富な職人たちを相手に指示を出しながら工事を進めなければならない立場に置かれる。職人たちの疑問に素早く答え

しょうこう・としお
1978年、福井県生まれ。高校卒業後に渡米。ミシガン大学工学部都市環境工学科にて建設工学・マネジメントを専攻。2005年、大成建設入社。汐留シオサイト5区エスペリオ汐留18・19街区新築工事、ザ・ペニンシュラ東京新築工事、東京弘済園新築工事、新ドーハ国際空港旅客ターミナルビル新築工事、上越火力発電所本館ほか工事、佐渡総合病院新築工事など、国内外の建設工事を経験。

られなければ、現場で軽く見られる。新入社員の自分は、知識や経験ではまわりの人間には勝てない。今の自分ができることは何かと自問し、図面や仕様書を頭の中にたたき込み、それを手掛かりとして指示を出す。日々の作業から多くのものを吸収していく中で、やがて現場で認められるようになっていった。

自身の経験から、これから現場に配属される学生に向けて、「現場ではコミュニケーションが最も重要。挨拶や職人さんを名前で呼ぶ、といった些細なことで一緒に働く職人さんの反応が変わってくる。困ったときに杓子定規な付き合いだけでなく、普段からの助け合いで信頼関係を築いていく現場独特のカルチャーになじむのがコツ」と、アドバイスする。実際に建物をつくっているのは、現場監督である自分たちではなく、職人だということに気付くことも重要だ。

正光氏の本棚。海外の最新動向、BIMやプロジェクト管理ソフト、アーンド・バリューやシックス・シグマといったプロジェクトマネジメントツールの習得にも意欲的だ。こうした情報源は英語だが、これは将来英語で議論することを想定しているためだという

　海外プロジェクトを志望していた正光氏に転機が訪れたのは、入社3年目のことだった。新ドーハ国際空港のプロジェクトに配属され、海外でのプロジェクトマネジメントを目の当たりにする。プロジェクトマネジメントを担当する米国系コンサルティング会社により、工事管理プロセスやドキュメント管理、意思決定プロセスなど事細かにルールが定められていた。一見すると複雑なルールだが、一度ルールを把握すれば、誰もがプロセスをトレースすることができる。膨大な情報が乱れ飛ぶ巨大プロジェクトにおいて、「スケールの大きいシステムを経験できたというのは収穫だった」という。

　海外工事ではクライアントからの指示が間違っているときに責任の所在をあいまいにせず、きちんと問題の投げ返しをするようなシビアさが求められる。不整合に対して自身で解決策を提案する国内

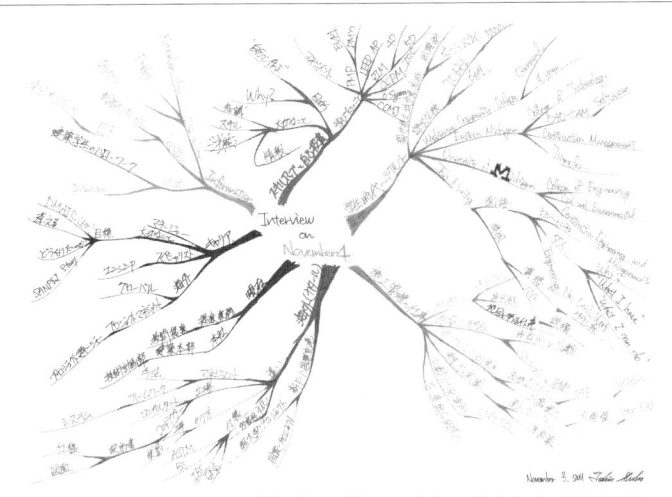

正光氏は、マインドマップという思考整理方法を用いて今回のインタビューに臨んでいた。「頭の中で思いつくキーワードを枝のようにつないで、それらの関連性を視覚化していくんです。自分の思考を整理するには、とても有効な方法だと思います」

のゼネコンの姿勢と対照的だ。ゼネコンが持つ総合力を海外で生かすなら、コンサルタントの立場に立たなくてはならない。実際、前述のコンサルタントは、米国系の大手建設会社としても有名な会社だ。

外国人を管理できるマネジャーになるのはより難しい。海外工事において専門性を問われるポジションに必要な経歴を満たす社員が不足しているのがその理由だという。管理下のマネジャーの職務範囲を規定して、コントロールする力も必要だ。正光氏は海外工事を経験する中で、こうしたマネジャーを統括するプロジェクトマネジャーになることを目標と定めた。「いずれ海外でプロジェクトマネジャーとして活動する日が来る。その日に向けて努力を続けている」という。自分が目指すポジションで求められる能力を意識し、常に努力する姿勢に強烈なプロ意識を感じた。　　　（取材・文＝納見健悟）

Column

BIMはパラダイムシフトを起こすか？

納見健悟

　BIM（Building Information Modeling）とは、コンピュータ上に作成した3次元のデジタルモデルに属性情報を付加することにより、建設プロジェクトの各段階で活用し、一元的な問題解決を可能にする一連のプロセスをいう。

　BIMの面白いところは、3次元で作成したモデルに属性情報を付加することができることにある。例えば、作成したモデルに鉄骨の部材情報やコスト情報を付加すれば、これまで手作業で算出していた、合計価格が簡単に算出される。また、実際に建物の部材を注文し、生産し、現場でつくる手順を検討し、それをスケジュールソフトに同期させることもできる。これらは、すでに実現していることだ。

　BIMは、建設業界にどのようなパラダイムシフトをもたらすのだろうか？　BIMをプロジェクトコントロールツールとして考えてみよう。建設プロジェクトには、建物の規模や用途、予算を検討する「事業計画」、設計や工事を行う「設計・施工」、完成した建物を資産として管理・運用する「維持管理」の3つのフェーズがある。

　例えば、設計・施工フェーズで作成したデータを、維持管理フェー

ズにおいても活用可能な重要な資源として利用できないだろうか。維持管理フェーズに転用することで、BIMモデルから資産計上や改修計画の作成、建物に入居するテナント情報の管理も可能になる。建物にセンサーを設置し、建物の利用状況を管理システムに反映させれば、照明や空調設備をはじめとした建物全体のエネルギーコントロールが可能になる。米国では、維持管理用のデータベースとBIMモデルの同期が実現している。BIMの開発元であるソフトウェアベンダーが、こうしたデータベースの構築を通じて、顧客企業に対する新ビジネスとして展開しているのも面白い。

　BIMの高度な運用に当たり、プロジェクトに関係するどのプレイヤーが主体的に動くかで将来像が大きく変わることになる。明確だった、発注者、設計者、施工者、コンサルタントの役割が変化し、協働のバリエーションが増え、仕事の内容も変化する時代が来る。総合ディベロッパー、プロパティマネジメント会社、設計事務所、建設会社に加えて、新規参入が予想されるITやソフトウェアベンダーの動向を注視することで変化を先取りすることができるだろう。

30 大工

変容する木造住宅を
どのように担うか課題も

　大工は建設業界で世間に最もなじみ深い職種。日本の家づくりを支えてきたのは大工である。現在の住宅工法は多様だが、一般に大工といえば、在来工法の木造住宅を中心に、軸組、小屋組、床組、屋根、内部造作などの木工事を行う。建築士資格を取得すれば設計監理から施工までトータルな仕事ができる。

　大工になるには、現在は住宅建設会社、工務店などに見習大工として就職し、仕事を覚えていくのが一般的。個人営業の大工棟梁に弟子入りする例もある。職業訓練校や専門学校に通い短期間で基礎を学んでから就職する場合も、やはり見習として現場で経験を積むことが必要である。工務店という形態が一般化したのは戦後で、建設会社、工務店共に大工を社員として雇用している場合もあるし、手間請けと呼ばれるフリーランスの大工と契約していることもある。

　見習から自分で住宅1棟を建てられる技術を持つまでには5～10年かかるといわれるが、就職先の仕事内容によって習得・経験できる技術内容や範囲に違いがあるので、施工している住宅の傾向をできるだけ知っておいたほうがよ

い。自社の設計施工がメインのところもあれば、ハウスメーカーの施工が多いとか、建築家の設計住宅の施工経験が多いとか、さまざまな傾向がある。また見習を募集していても、大工を育てる意識を持っている会社とは限らない。

　工法や建築材料は変化し続けている。例えば大工が自ら木材を加工し、墨を打って、接合部を鋸や鑿で刻むといった作業は、プレカット加工材が普及して、大工の手を離れつつある。工業生産部品が発達し、従来の何でも自作する大工のイメージとは異なってきており、現実と自分の描く大工像とのギャップに挫折する職人もいる。一方で耐震工法や省エネ技術、それに施主の価値観の多様化などもあり、住宅に関する情報量は日々増加している。独立して会社や工務店を経営する場合は、そうした動向への目配りとともに、コスト管理や、保証体制といった運営面の力量も要求される。その中で自分の仕事の方向性を見出すことが大きな課題といえるだろう。　　　　　　　　　　　　（清水　潤）

●主な就職先：住宅建設会社、工務店、個人営業の大工など。独立後、手間請け大工として働く場合と、工務店などを立ち上げる場合がある。
●必要な資質：大工技術に対する探究心や向上心。黙々と同じ作業を繰り返すことになるが、そのとき自分で工夫しながら少しずつ技術を向上させていく意欲。住宅環境をつくる担い手としての意識。
●関連資格：木造建築士、建築士（1、2級）、建築大工技能士（1、2級）など。

Interview

材料を吟味し、
木造りから自分の手で

村上幸成（村上建築工房）

　千葉県房総半島の南部、視界いっぱいに山と田畑の緑が広がり、海も程近い場所に大工の村上幸成氏が営む工務店がある。大学卒業と同時に大工の道に入り、28歳で独立した。300坪ほどある敷地に、小さな村の体育館ともいえそうな規模の作業場、木材のストックヤード、小ぶりな事務所などが建ち、仕事の環境は万全だ。お金が入ったときに少しずつ5年程かけて建ててきたという。独立当初から、木材の在庫を持ち、構造材から造作材まですべて自分で加工してしっかりした木造住宅をつくりたいと考えていた。「今の住宅は構造材はプレカット材を、造作は建材メーカーの既製品を使うのが主流で、大工は組み立てるだけになっている。それはやりたくなかった」と言う村上氏。その姿勢にブレがない。それではよほど昔から大工になりたかったかというと、さにあらず。

むらかみ・ゆきなり
1970年、長崎県生まれ。早稲田大学理工学部建築学科卒業。兵庫県淡路島の大工棟梁江戸保氏のもとで6年間の大工見習を経て独立。現在、千葉県南房総市で工務店を営む。1級建築士。千葉県を中心に住宅の設計施工、建築家の設計物件の施工、古民家の再生も行う。今後は若い大工を育てながら、徐々に棟数を増やしたいという。

　まだ学生の売り手市場だった1992年、大学4年の春を迎え、就職活動でゼネコンなどのOB訪問はしたものの、会社に就職して設計などの仕事をする実感がわかない。本気になれない自分がいた。ちょうどそのころ建築家丸山欣也氏が教える前期ゼミで兵庫県淡路島へ出かけ、学生たちの手で竹のドームをつくった。現場の講師は左官職人の久住章(くずみ)氏。その作業をしているうちに自分には手と身体を使ってものをつくることが向いているのではないかと思った。久住氏は学生の気持ちをつかむのがうまい人である。友人でもある地元津名町の大工棟梁、江戸保氏を紹介してくれた。試しに夏休みに1カ月間親方の手伝いをした。「やっぱり大工に向いてるんだなと思った瞬間に迷いがなくなりました。来年4月からよろしくお願いしますと言って、それから6年間見習大工をやった」。

作業場内部。古民家を解体し、搬入するにも十分な広さ。ここで洗いや補修を施す。独立4年目に土地を購入し、5年程かけてこつこつ建てた。自分の大工技術をフルに使って、材料を選び、乾燥させ、木造りを行う

　江戸氏のつくる住宅は小舞下地の土壁、外壁は板張り、土葺きの瓦屋根など淡路の在来工法。お茶が盛んな土地柄で数寄屋も手掛ける。村上氏はその下で、材料の見方から木造り、木組みなどを着実に覚えていった。「僕が木造りして親方が組み立てる。そのうち初めて鴨居や長押を入れさせてくれて、しばらくたつと2階だけ任せてくれたり。階段を上るように1つひとつ技術を自分のものにしていけば高い技術を持つことができる。できないことは練習すればできるようになる。大工って本当に分かりやすい仕事なんですよ」。

　朝8時に仕事を始め、夕方6時には帰って、7時に食事。村上氏はその後の時間に勉強して、あっさり1級建築士の資格を取得。「大工って時間の使い方に余裕があるのもいいところ」と言う。

　弟子入りして3年目に阪神・淡路大震災を経験。淡路島の北端が

村上氏が手掛ける民家再生の現場

震源であり、多くの住宅が被害を受けた。その体験は独立後間もなく「大工塾」に参加するきっかけになった。大工塾は大工の勘に頼る仕事を見直し、木構造を中心に学ぶ若い大工の集まりだが、村上氏にとっては仲間を得て、その後の工務店の運営に勇気と自信をもらうことができたのも大きかった。

このところ村上氏に相談に来る施主には一般の工務店の仕事に物足りなさを抱き、ホームページや口コミでやって来る人が多い。施主の価値観が多様化し、そこに村上氏の仕事の場が生まれているのだろう。「これからは大卒で大工になるのはいいと思う」と村上氏は言う。施主の話を直接受け止めることができ、建築家の考えていることも理解できる大工は信頼される存在になると。

(取材・文＝清水 潤)

31 左官職人

壁が建築の味わい、美しさを引き出す

　湿式の塗り壁を施工する専門職。土（粘土）、漆喰(しっくい)、セメントモルタルなどの左官材料をつくり、鏝(こて)を使って塗り付けて仕上げる。左官は本来、材料の特徴と鏝の技法の掛け合わせによって、多様な表情を生み出すことができる。また壁仕上げのほかに、三和土(たたき)、洗出し、研出(とぎだ)し、擬岩(ぎがん)、擬木(ぎぼく)、漆喰彫刻など造形的な仕上げ技術も左官仕事に含まれる。

　歴史的には城郭から社寺、数寄屋、長屋などの庶民住宅まで、建物の多くの面積を占める壁を左官職人がつくってきた。しかし、第2次世界大戦後の高度成長期に建築工事の合理化が図られ、湿式工法から乾式工法へ移行する中で時間のかかる左官壁は敬遠された。コンクリート壁の補修などが主となり、1980年代にビニルクロス張りが大勢を占めるようになってからは都市部を中心に左官仕上げはほとんど姿を消した。ところが90年代以降、主にシックハウス問題を契機として建築主や設計者に自然素材志向が強まり、機能面から土壁や漆喰壁が再評価される。さらに色彩やデザイン性も注目され、現在、左官職人の活躍する場は広がりつつある。

建築出身で左官を選ぶ人も目立ってきた。

　左官業は中小規模の会社組織、自営業による専業が多い。小規模事業所は例えば社長である親方、数人の職人、若い見習などの社員で構成される。事業所としての技術力は必要だが、親方は仕事を受注してくるという重要な役割を持つ。一般に施工会社・工務店から左官仕事を請け負い、自社の職人で施工するか、人手が足りなければ他社や自営の職人を集める場合もある。

　左官職人になるには、こうした事業所に見習として就職し、下働きから徐々に技術を習得する。働きながら職業訓練校・専門学校で基本を学ぶこともできるが、多くの現場を経験することで技術が培われるのは今も昔も変わらない。なるべく若い年齢から修業したほうが有利で、一人前の職人として鏝が使えるようになるのに5年以上は必要ともいわれ難度は高い。が、それだけにチャレンジのしがいがあるともいえる。ただし、どのような壁を塗る職人を目指すのか目標を持つことが重要である。住宅、店舗、施設、数寄屋建築、社寺建築、文化財の修復など、建物によって左官工法も異なり、事業所や親方・職人の得意分野がある。　　　　（清水 潤）

●主な就職先：左官業の事業所。個人営業もある。
●就職方法：左官事業所に見習として就職する。全国の左官組合や職業能力開発協会が運営する訓練校、専門校で技能の初歩を学ぶことができる。
●必要な資質：材料と技術の関係を物理的に分析する能力。
●関連資格：左官技能士（1〜3級）。

32 庭師

建築を取り巻く自然界への入口をつくる

　樹木、草、石、水、土などの構成要素で庭をつくり上げる。一言で言えば庭の設計施工者だが、庭は生き物であり、季節・年月と共に変化していくので、いったん庭ができた後もメンテナンスを続ける息の長い仕事である。

　一般に木を植えたり、剪定を行う植木職人のイメージでとらえられているが、庭師はより高度な位置にあり、本来は人が暮らす環境をつくるマイスター的な存在である。建築も環境の要素として含まれている。技術だけでなく美的センス、さらには精神性も庭の造形の中に求められるという。したがって、植物学、土壌学などと並んで諸芸術の幅広い知識を積み重ねていくことも必要となる。

　とはいえ、スタートは植木職人の見習として就職するのが一般的である。近ごろは建築系、美術系、農学・園芸系の大学などを卒業してから庭師を目指す例が増えている。○○造園、○○園などの会社組織や、個人営業の庭師（親方）に弟子入りし修業を積む。このとき、親方がどのような庭をつくっているのかなどをよく調べ、自分なりの判断で弟子入り先を決めたほ

うが良い。かつては雑誌に掲載される施工例を見て探していたが、最近はホームページやブログなどを手掛かりに親方を訪ねる例も多い。

見習は、例えば掃除や草むしりで植物の配置や庭の構成を肌で感じ、材料運びなどの下働きの後、見込みがあれば鋏(はさみ)を持って樹木の手入れなどもさせてもらえるようになるという職人の世界である。樹木を扱うほかに石積みや、三和土(たたき)を打つ左官仕事もある。地下足袋を履いて、汗と泥まみれの肉体労働は楽ではない。修業期間をいかに充実させるか、個人によって異なるが植木職人としてほぼ一人前のレベルになるまで最低3年程はかかるといわれる。そこから自分の意思で独立し、庭師になれるかどうかは努力次第である。

仕事の場の多くは住宅、商業施設など。客に安らぎを提供する庭づくりを重視する旅館なども増えている。また、都市公園から自然まで、エコロジカルな環境づくりが新たなテーマとして浮上しており、これからの世代の庭師には期待が寄せられている。　　　　　　（清水　潤）

●主な就職先：造園業を営む会社、個人営業の庭師など。
●就職方法：雑誌やウェブサイトなどで情報収集し、自分にふさわしい方向性を持つ庭師に弟子入りを申し込む。植木職人見習の求人に応募する方法もあるが、職人にステップアップできる可能性があるかどうかは確認しておく必要がある。
●必要な資質：庭づくりに関連する幅広い知識、技術、美意識を養う向学心。施主や建築家とのコミュニケーション能力。
●関連資格：造園施工管理技士（1、2級）、造園技能士（1〜3級）。

33 家具職人

建築につながる
ものづくりの小宇宙

　木工技術により、椅子、テーブルや収納家具などを製作する。建築、美術系や工業デザイン系などの大学や専門学校の出身で、家具職人になる人は少なくない。デザインだけでなく自分の手でものづくりをしたい、また、建築とインテリアをトータルにとらえたいという思いも共通しているようだ。

　家具職人になるには木を加工し組み立てる技術を習得する必要がある。箪笥(たんす)などの和家具を地場産業にしていた家具産地が全国にあり、家具メーカーや少人数で特色のある家具づくりをする工房も数多い。一般にはそうしたメーカーや工房に見習職人として就職し、そこで手掛ける家具づくりから徐々に経験を積んでいくが、専門学校や職業訓練校で木工を学んでから就職する道もある。職業訓練校では鉋(かんな)や鑿(のみ)などの刃を研いだり、手工具の使い方、木材の知識などを半年、1年ほどで学ぶ。今の家具製作は工作機械で行っており、昔のように手工具主体ではない。それでも部分的に手工具が必要な場合もあり、手が動かせるのは有利といえる。

　家具には自社ブランドの量産家具、特注家具、

他社ブランドにOEM供給する家具などさまざまな種類がある。メーカーによってすべてを手掛けている場合もあれば、何かに特化している場合もある。メーカーで働き続けるか、独立して工房などを立ち上げるのか、どのような家具をつくりたいのかなど目標ははっきりさせておいたほうがよい。就職先の製作体制やつくっているものが自分に合うかどうかが将来を左右するからだ。

　将来独立しようと思う場合は、家具製作の工程を一貫して経験することが重要となる。メーカーによっては流れ作業で1つの工程だけに数年従事する場合もあり、一通り覚えるのに時間がかかりすぎると独立もしにくい。

　また独立後は自分のデザインやアイデアでオリジナルの家具はつくるけれど売り先がなかなか見つからないという悩みがよく聞かれる。仕事を続けるためには販路を開拓する努力や戦略を考える能力も重要になる。　　　　　（清水 潤）

●主な就職先：家具メーカー、アトリエ系の工房など。
●就職方法：一般公募は少ないので家具メーカーを積極的に訪問する。家具の見本市や展示会などを回って情報収集する。口コミで求人しているメーカーや工房の情報が得られることもある。
●必要な資質：自分の目標が明確で、その実現のために努力する姿勢。
●関連資格：家具製作技能士。手加工作業（1、2級）、機械加工作業（1、2級）に分かれる。

Interview

構造エンジニアとしての
アプローチから
斬新な木工家具をつくる

野木村敦史（合同会社すまうと 代表）

　野木村敦史氏はゼネコン設計部の構造設計部門に7年間勤務し、30歳のときに退職して家具職人に転身した。

　子どものころからものづくりが好きで、大学の建築学科に進んだ背景には、自分の手で家を建てる大工さんの世界とデザインのイメージがあった。さらに学生時代に効率の良いデザインがそのまま美しさを生み出す構造美に惹かれ、構造分野を学ぶようになる。しかし就職するとクリエイティブな構造デザインにかかわる仕事もある一方で、構造計算業務に重きが置かれる現状。細分化された建築業界の中で、全体をつくり上げる達成感から遠ざかっている現実があった。徐々に自分の手で、ものを最後までつくり上げたいという根源的な思いが抑え切れなくなってきた。そこで意識し始めたのが木工家具の世界だった。もともと家具への興味があったが、家具な

のぎむら・あつし
1969年、東京都生まれ。日本大学大学院海洋建築工学専攻修了後、ゼネコンに就職し建築構造設計に携わる。2001年、埼玉県の飯能技術専門校木工科卒業。静岡県の家具メーカーに家具職人として勤務。2005年、東京国際家具見本市デザイナーズギャラリー「SOON」出展・JDN賞受賞。2006年、独立しノギムラカンパニー設立。2010年、合同会社すまうど設立。2007年、100%DESIGN TOKYO出展・100%DESIGN PREMIO受賞。2008年、100％DESIGN LONDON出展。2009年、ミラノサローネJAPAN DESIGN SELECTION選考展示。

らデザインも製作も、さらに販売まで手掛ける工房もある。すべてを1人でやれる仕事だと気付いたという。

　そのとき目指した立ち位置が面白い。「構造エンジニアの思考で家具をデザインして、自分の手で実際につくったら、今までになかったものができる余地があるんじゃないかと思いました」。例えば家電製品や自動車の開発には合理的に機能をつくり込む設計、製造方法などを検討するエンジニアが介在し、意匠デザインなどと統合が図られるが、木工家具の分野では、それらはデザイナーや職人の仕事の中に含まれて目立たないのが一般的だろう。そこを意識的にやるのは自分だという方向性がすでに見えていた。

　方向は見えたが、それを実現するには動かなくてはならない。最初に家具メーカーを回ってみたが、30歳でゼロから職人見習と言

スツール「WAVE」。座面は7本の棒、脚部は2枚の板。金属のロッドで脚板を引き寄せることで座面の棒がアーチ状になり、全体が固まる。クッション性も生まれる。逆にロッドを突っ張らせ、脚板を広げると座面が凹状に。単純な部材で2通りの形ができ、並べるとウェーブ状になる

われても就職は無理だと言われた。しかし、木工を志す人はけっこう大勢いて、職業訓練校で基本を勉強してからなら可能性があると聞き、野木村氏は埼玉県飯能にあった訓練校を受験する。ところが競争率が高く、1度は不合格に。面接がものをいうらしいと感じ、自分の覚悟を面接官に伝える特訓をした。「建築業界のサラリーマンから家具業界に入ったら給与水準はどのくらい下がるとか、自分が立ち向かう現実を調べておいて、その上で本気でやる気があるんだということを示さなきゃいけないと考えた。2度目は面接官としっかり話ができて、それで通ったんだと思います」。

　1年後、卒業と同時に家具産地である静岡を訪れ、就職先を探す。ある家具メーカーが、独立を前提にという野木村氏の希望を快く受け入れてくれた。「ラッキーでした。独立するならどんどん仕事を

野木村氏の製作風景

覚えなけりゃいけないと社長が言ってくれて、木取りから組み立てまで一貫してやらせてもらえたんです」。在社期間4年半の最後の1年は、就業時間後に工場を貸りて、個人で展示会に出品することも認めてもらった。その年、2005年の東京国際家具見本市でJDN賞を受賞したことは独立の大きな後押しになった。

　翌年、静岡で独立。現在の仕事内容はいくつかに分かれる。自分でデザインして試作品をつくり展示会などに出品。特注家具の製作。量産向きのデザインができたときは、メーカーに提供することもある。また他のデザイナーの試作品製作など。「あるときはデザイナーの顔、あるときは木屑まみれの職人」と言う野木村氏。単純でありながら単純さを感じさせないものをつくりたいという。それを引き出せるのが構造美の世界の手法である。　　　　（取材・文＝清水 潤）

Column

資格って、いっぱい取ればいいの？

五十嵐太郎

　世の中にはびっくりするくらい、多くの資格が存在する。建築やインテリア、不動産に関しても状況は同じだ。でも、資格にはそれを持っていないと、特定の仕事ができない排他的なものから、単に称号をもらえるだけのものまで、さまざまに存在する。

　前者はおおむね実務経験を必要とし、学校を卒業後でないと取得できないが、後者には在学中でも合格できるものがある。なるほど、就職活動をするとき、何でもいいから「資格を持っている」と履歴書に記述できるのは魅力だろう。しかし、例えば、指定のテキストを購入すれば、ほとんど合格するような試験、すなわちお金さえ払えば、誰にでも与えられる簡単な資格は、将来の仕事にとって、さほど重要な意味を持たない（逆の立場だったら、自分がそういう資格の人に仕事を頼みたいと思うか？）。専門以外の人に自慢するのには役立つかもしれないが、同業種の人は、その無意味さを理解しているはずだ。サムライ商法（多くの資格に「士」とつくから）ほど悪質ではないにせよ、ナントカ協会をつくって、ナントカ資格を

つくって、それを売り物にテキスト、受講料、更新料でもうける人たちも世の中にはいる。役員を増やし、組織を太らせるためだけに存続する団体もあるのだ。

　したがって、取れそうな資格に飛び付く前に、自分にとって本当に必要か、もう一度考えてほしい。もちろん、履歴書やプロフィールに１行増やすだけだと、割り切っているのならいい。あるいは、趣味としてさまざまな資格を取得するのなら構わない。勉強をしたという証しにはなるだろう。だが、それで飯が食えるわけではない。本当にやりたい仕事を開業するために、あるいは就職するために、必要な資格はそれほど多くないはずだ。現に、活躍している職業人から、自らの成功は資格をいっぱい持っていたおかげ、という話を聞いたことがない。また開業のための資格だとしても、それはスタートでしかない。資格という枠組みに収まらない能力や知識こそ、仕事を広げるチャンスとなり、そこに努力がなされるべきだろう。まずは目の前にある卒業という資格を確実に取ることに専念してもいい。

34-42

建築を
サポートする

表にはあまり顔を出さない。
でも、彼らがいないと、建築をつくる際に、大きな支障を来す。
部活でいえば、マネージャーのような存在だ。
あらかじめプロジェクトのコストを算出したり、
秘書として所長の仕事がスムーズに運ぶよう調整したり。
あるいは、CGや模型の制作は裏方のようだが、
時としてコンペの行方を左右するほどの影響を及ぼす。
一方、確認検査や意匠審査など、
行政側からのサポートも忘れてはいけない。　　　　　（五十嵐太郎）

縁の下だ!! サポ美さん

彼女の仕事は積算

ビルのボルトを数えている

学生オーケストラではビオラ

学祭のおでん屋では

大根にかくし包丁を入れる係

地味だけどけっこう偉いのだ

すいません 設計

やりなおし

34 コストプランナー（積算・見積り）

プロジェクトをサポートする勘定奉行

　建物をつくるには当然のことながら、お金が掛かる。建物は主に躯体、仕上げ材、設備機器で構成され、数多くの職種が関与してつくられる。発注者（クライアント）の意向を受けて設計事務所が作製した図面から、実際に建物をつくり上げていくために必要な工事内容の項目、数量、コストを正確に算出するのが、コストプランナー（積算・見積り）の主な業務である。

　「積算」と「見積り」は同じような意味合いで使われることも多いが、建設業ではおおむね次のように分けられる。積算は、与えられた設計図書などに基づき、材料などの正確な数量の内訳書を作成すること。見積りは、個々の項目の仕様や数量に対して適正な代価を設定し、工事金額を算出すること。

　積算・見積り業務は、プロジェクトの事業企画・基本計画・基本設計・実施設計・施工といったすべての段階でかかわりを持つ。企画段階で発注者が予算を検討する際の見積り、建物の仕様が具体化していく段階での概算見積り、より細かく精度を上げる精算見積り、そして工事中の設計変更や追加工事の見積りなどである。

現在、施工会社の決定方法は「競争見積り合わせ」が主流となっている。これは、複数の施工会社に見積書を依頼し、工事金額や内訳内容から施工会社が決められる、という仕組みである。金額を低く設定して提出すれば、ライバル会社を押さえ受注できる見込みは高くなるが、工事をしても赤字となるようではマズイ。企業として利益を出しつつ、「このくらいなら受注できるだろう」という絶妙な金額を提示する必要があるのだ。もちろん、数量違いや項目の抜け、単価の間違いは、工事の発注や利益確保の上で致命的であり、あってはならないこと。積算・見積りは重大な責任の伴う業務といえる。

施工会社であれば規模の大小を問わず、積算・見積部門を持つことがほとんどだが、積算を専門に行う会社もある。大手ゼネコンなどが大規模物件を手掛ける際、こうした会社と協力しながらタイトなスケジュールの中で何百枚、何千枚もの見積書を作成していく。

図面を隅々まで読み込みコストに反映する、という点で緻密さが必要であるし、何より責任感が求められる職種である。　　　　　（加藤 純）

●主な就職先：ゼネコンや工務店の積算見積部門。設計事務所、ディベロッパーのコスト企画部門。積算専門会社。
●就職方法：一般公募への応募。ゼネコンの場合、現場監督などを経てから見積積算部門へ異動というパターンが多い。
●必要な資質：責任感、緻密さ、図面の読解力、コミュニケーション能力。
●関連資格：建築積算資格者、建築コスト管理士、1級建築士、1級施工管理技士。

Interview

受注から施工まで、トータルな視点でコストを見極める

落合雄二（鹿島建設 東京建築支店見積部）

　大学の授業では、建築の工事現場について具体的に扱われることがあまりない。落合雄二氏は在学中に「建物はどうやってつくるのだろう」と素朴な疑問を抱き、建設の現場で働くことを志望するようになった。ゼネコンに入社し、現場監督業に携わっていたが「現場管理に徹するあまり、コストから建物をとらえる機会は少なかったように思います。価格調整を重ねた上での受注があって現場は成り立つものですし、このままではバランスに欠けるのではないかと感じました」と語る。見積部に異動した落合氏は、建物に掛かるコストや構成についての知識を、現場での経験と結び付けながら身に付けていった。

　「積算・見積りは"営業の根底"といえます」とは落合氏。まずは受注するための活動に、積算・見積りは欠かせない。「積算・見

おちあい・ゆうじ
1963年、東京都生まれ。武蔵工業大学(現・東京都市大学)工学部建築学科卒業。同大学大学院工学研究科建築学専攻修士課程修了。1987年、鹿島建設入社。大阪支店、東京支店で工事現場を担当後、1994年より東京建築支店見積部配属。六本木六丁目再開発、某大型テーマパーク建設工事などの見積りを担当。現在は、コスト情報の収集・分析・発信および見積業務のシステム化・効率化に携わる。

積りを行い工事原価を算出しなければ、プロジェクトにかかわる人は、高い・安いといった評価や、コストを下げるにはどうしたらよいのか、といった議論もできません」。クライアントの想定する予算をオーバーする場合は、クライアントや設計事務所と交渉しながら調整を行う。プロジェクトによって、金額調整だけで半年から1年を要することもあるという。「現場が始まってからも、変更や追加に対応して積算・見積りを行い、利益管理を行います。積算・見積部署は、プロジェクトを通じて現場をサポートする役割を持ちます」。

仕事を進める上で、どのようなところとかかわるのだろうか。「発注者や設計事務所とは、受注前の金額調整等で密接にかかわることになります」。プロジェクトコーディネーターの意向を受けて、営業、

落合氏は、六本木ヒルズ森タワーを中心とした六本木六丁目再開発事業の見積りを主に1人で担当した

計画部署と連携を取りながら、受注段階では常にその中心にいる存在だ。「また、受注後は現場担当者と見積内容を精査し、予算が組まれます。見積りは利益管理の基本でもあります」。

建設に掛かる金額は複雑で、分かりづらい。そのいくつかの理由を、落合氏は次のように説明してくれる。「建物は、決まった部品をオートメーションで組み立てるような製品ではなく、建物ごとに構成する材料が異なり、多くの職種の大勢の職方がかかわってつくり上げるものです。基本的には単品生産の手づくりなのです」。また、発注形態は"材工一括"、つまり材料費と工事費がひとくくりで扱われることが多い点も、コストが見えづらくなる1つの要素である。「加えて、物価や労務費の変動もコストに大きく影響します」と落合氏。例えば昨今では、鉄の値段が世界的に高騰し、鉄骨や鉄

落合氏の仕事風景。図面等の見積資料をもとに建設にかかわる数量、コストを算出する。六本木六丁目再開発事業のような大規模プロジェクトの見積書は1,000頁以上になることもある

筋などの資材の値段は日々変わっている。「コストを短期間に正確にとらえることは難しい状況にありますが、その時々に応じた単価を設定して見積りをしていかなければ、利益を正確に予測することはできません」。こうした多岐にわたる要素をそれぞれに把握しながら、積算・見積りは行われているのである。

「積算・見積りの業務は常に正確性と競争力が求められていますが、昨今では算出した数量、コストを正確に評価する能力もまた求められています。建設業の分業化や専門化が進んでいますが、その一方で意匠・構造・設備をトータルに調整し評価できる人物が求められているのも事実。積極的にアドバイスを求められるような人になりたいですね」

(取材・文＝加藤 純)

35 地質・地盤調査員

施工計画を立てるための影の立役者

　建物の工事に入る前には、その敷地に関してさまざまな調査が事前に行われる。敷地の状況が分かっていないと、工事のスケジュールを示す工程表をつくったり、施工の方法や順序を決めることができないからだ。一般に、規模の大きな建物になるほど調査の規模も大きくなり、項目は多岐にわたる傾向がある。

　調査には客観性が求められるため、複数の調査員が何度も現場に足を運び、工事個所の状況を把握する。交通量や通学路の交通状況などのデータは、工事車両の段取り設定などに役立てられるが、施工に当たって最も重要なのは、地面より下の「地盤」に関係すること。それを担うのが地質・地盤調査員である。土の層が硬いか軟らかいかという地質を調べるほか、地下水や水脈の状況、また、昔のコンクリート基礎やガス管や配水管といった地下埋設物などがないかを確認する。以前の使われ方による土壌の汚染がないかも調査する。こうした問題があるとコストや施工期間に大きく影響するため、具体的な対策を事前に練っておかなければならない。

　土については未知の部分が多く、調査も複雑

で経験が必要とされるため、専門の調査会社がある。こうした会社の工事部や技術部などには、土木工学系だけでなく建築系学科の出身者も働いている。工事部で地質・地盤調査や地質汚染調査を行い、技術部では調査データの解析処理をし、その結果を協働する建設会社などに報告する。その後、必要とされる場合は地盤改良工事などを行う。学生でも、土を抜き取る「ボーリング」や採取する「サンプリング」といった言葉を耳にしたことがあるかもしれない。その他、さまざまな調査方法があり、周辺の状況や地盤の状態に合った方法を選択していく。

そして地質・地盤調査は、今住宅業界で熱い視線を向けられている。2009年10月から施行された法律に関連し、「住宅瑕疵担保責任保険」の加入に当たって、原則として敷地の地盤調査が義務付けられたためだ。地盤沈下に伴う瑕疵（問題）を避けるために、調査結果を踏まえて設計するよう定められている。地質・地盤調査は、建物ができれば見えなくなるものを扱う仕事であるが、建物を長く使う人の安全・安心の下地となる重要な役割を担っている。（加藤 純）

●主な就職先：建設コンサルタント、地質・地盤調査会社など。
●就職方法：一般公募に応募。
●必要な資質：コミュニケーション能力、最新技術に対応していく向学心。
●関連資格：地質調査技士、住宅地盤調査主任技士、住宅地盤調査技士、建築士、施工管理技士、技術士（建設部門）など。

36 CADオペレーター

設計の現場を支える大黒柱

　CAD（Computer Aided Design）とはコンピュータを使って、設計・製図を行うシステムのこと。1960年代、アメリカで航空機の設計を目的につくられたCADAM（Computer Augmented Design and Manufacturing）がこのシステムの発端だ。従来、手で描かれていた図面などをコンピュータで描くことにより、スピード・効率・正確さを向上させた技術で、近年は機械や電子、建築、設備などの設計業界に加えて、ファッションなどの分野においても、CADの利用率が高まった。

　CADオペレーターとは、CADを使用し、設計図から施工図までコンピュータ上で描き起こす職業。記号登録、拡大・縮小などの機能によって修正や変更が簡単にでき、業務の効率化を図ることができる。CADの普及によりCADオペレーターのニーズも非常に高まっている。

　CADオペレーターは、まず設計者の細かい指示を見落とさず、指示通りにCADを操作し正確に図面化する能力が求められる。そのため、几帳面で真面目、細かい作業が好きな人に向いているといえるだろう。また、1つの事を最後

までやり遂げられる根気が必要となる。技術系の職業にもかかわらず、近年女性に注目されている職種となっているのも、このような資質によるところと考えられる。

　また、図面に何が描かれているか、寸法の意味や法規に通じていることも必須とされる。現場では、CAD操作能力より、こちらが重要視されることが多いようだ。そのほかにも、基本的なコンピュータ操作（データ入力やワープロ等）に精通していることも求められる。

　CADオペレーターになるには、大学、専門学校、職業訓練校などで基礎知識を学び、建設会社や各種デザイン会社に就職するのが一般的。未経験でもアルバイトとして採用してくれる企業もあるので、そこで経験を積んでから就職することも可能だ。特に資格を要求されることはないが、複数のCADをマスターすることにより、活躍の場が広がる。また、将来性を考えると、2次元（平面）CADだけではなく、3次元（立体）CADの技術も習得していると、即戦力として、企業から迎えられるケースが多く、就職には有利となる。　　　　　（大西正紀）

●主な就職先：建築設計事務所、ゼネコン、電気機器・音響機器・自動車等メーカーの設計部門、アパレル会社のデザイン部門など。
●就職方法：主流は、派遣会社に登録する。ゼネコン等の場合、一般公募に応募する。小規模事務所の場合、直接連絡する。
●必要な資質：繊細さ、几帳面さ、真面目さ、根気強さ。
●関連資格：CAD利用技術者（1、2級）、CADトレース技士（初、中、上級）、建築士（1、2級）。

37 CG制作者(レンダラー)

建築シーンの最前線を担う職業

　3次元CGソフトの出現が生んだ、新しい職業である。建築学科出身、設計事務所出身のCGクリエイターは少なくない。特に建築パース制作の場合、建築の知識や経験が非常に重要となる。

　建築界でのCGは1990年代に急速に主流となり、手描きパースはかなりの部分、CGに置き換わった。例えば日本の設計事務所でよく用いられているモデリングソフトFormZが現れたのは1991年、また日本発祥のソフトで静止画に定評があるShadeは、1986年にPC-9800シリーズ用が、1990年にMacintosh用が発売されている。ヨーロッパで主流である3ds Max（旧3D Studio Max）も、1990年に発売されたMS-DOS用から発展しており、いずれも1990年前後にスタートしている。

　CG制作者の作業の流れは、建築パースの場合、大きく次のようになる。設計者が描いた図面から、モデリングによってヴァーチャル空間にヴォリュームを起こし、表面の質感を表現するためにテクスチャーを張り、レンダリングによってそれらを画像化し、人や植栽や空など3

次元データにないものをフォトレタッチで追加して仕上げる。

多くのアトリエ系設計事務所では、事務所内でもCGをつくるが、本格的なもの、納期が厳しいものなど、外注でCG会社に頼む場合がある。CG制作の価格や技術はさまざまであり、プロダクションによっては静止画に加えてアニメーションの制作をする場合もある。また設計事務所内に、CGパースを専門に制作する部署がある場合もある。

現在、特にヨーロッパの建築界はCG全盛といえ、絵的なクオリティは非常に高い。逆に言えば、ごく普通の設計でもCGのおかげでそれなりのものに見えてしまうという問題もあるかもしれない。そんな中で、設計者の意図を十二分に理解し、建築家とコラボレーションができるようなCG会社も現れてきている。例えば、パリにはOMAやジャン・ヌーヴェル、レンゾ・ピアノらの仕事を一手に引き受けるCG制作会社があり、現在の建築シーンにおいても、非常に重要な役割を果たしつつある。裏方であるが、花形ともいえる職業である。　　　（松田 達）

● 主な就職先：建築設計事務所、大小のCG・映像制作プロダクション、ゲーム制作会社、広告代理店など。
● 就職方法：一般公募に応募する。小規模事務所の場合、直接連絡する。または、アルバイトからもぐり込む、というパターンも。
● 必要な資質：CGソフトを使いこなす能力はもちろんだが、締切前の長時間作業や、不規則な生活に耐える能力も必要。
● 関連資格：CGクリエイター検定、CGエンジニア検定。

38 ソフトウェア開発者

ソフトウェアの進化が新たな建築を生む?

　コンピュータのプログラムに自信があれば、ソフトウェア開発者になるという道もある。建築関係のソフトの開発には、建築出身者の知識が求められるからである。実際、設計は数々のソフトウェアに支えられている。

　まずCADの開発に携わるという道があるだろう。例えばArchiCADは、開発当初から設計者によって設計者のために開発された3次元CADだという。関連図面が一度の変更で整合性を保ったまま自動的に修正されるという特徴は、まさに設計者の要求から生まれてきたものといえる。また慶応義塾大学の池田靖史研究室は、VectorWorksのプラグインGrowing Objectの開発に携わった。ルールに従って形態を自己組織的に成長させ、群造形を生成させるプラグインである。

　システム開発の分野でも、建築出身者が活躍している。例えばインフォマティクスでは、CAD制作のほか、オーダーメイドでプログラムを受託し、GISを応用した防災情報共有システムを構築するなど、広く不動産、金融、環境、官公庁といった分野にソフトを提供している。

コミュニケーションツールを開発する場合もある。まだブログのない1990年代後半、『みんなの建築』という掲示板コーナーがネット上にあり、多くの建築学生らが利用していた。このシステムをつくったのが元永二朗、本江正茂らであり、元永は現在フリーでソフト開発を行っている。筆者も日記を書いていたウェブサイト『cybermetric』は、建築家の堀井義博が1999年から始めたもので、現在でいえばマルチブログ＆ポータル機能というかなり先進的なシステムを当初から備えていた。

　磯崎新の「海市」計画やC＋Aの鴻巣市文化センター、ビッグハート出雲などにおいて、形態やパターン生成のプログラムをつくったのが、濱野慶彦である。濱野は建築家とアルゴリズムを考えながら、プログラムとデザインの境界を揺るがせている。また、若手では徳山知永が、隈研吾や石上純也とコラボレートしている。

　設計支援から新しい建築の可能性の提案まで、ソフトウェアの開発は今後建築にさまざまに影響を与えていくだろう。　　　　（松田 達）

●主な就職先：CADソフトウェア会社、システム開発会社など。
●就職方法：プログラムの知識を身に付け、関連会社に就職。またはフリーで始める。
●必要な資質：プログラムを書く能力。プログラム言語は多様、英語の読み書き能力も必要。また、注意深くバグを発見する力など。
●関連資格：基本情報処理技術者、情報処理活用能力検定、ソフトウェア開発技術者、Ｃ言語プログラミング能力認定試験、CGエンジニア検定、マルチメディア検定など。

Column

アルゴリズム的建築が ソフトウェア開発も促す?

松田 達

　アルゴリズムとは、「問題を解くための手順」のことである。例えば2次方程式は、解の公式や因数分解といった複数のアルゴリズムによって解ける。コンピュータでアルゴリズムを実行できるようにしたものがプログラムである。処理される構造化データが必要とされるため、「アルゴリズム＋データ構造＝プログラム」と定式化される。異なるデータから多様な結果を生み出すアルゴリズムは、単純なルールから豊穣な複雑さを生成する可能性を秘める。

　ではアルゴリズムで建築を考えるとどうなるか？　意識的にそれを行いつつある建築家がいる。伊東豊雄は、事務所内のプロジェクトが「アルゴリズムを操作しながら展開していくものとそうでないものが混在した状況」だと語る。曲線や曲面を日常的に扱っているうちに、それらを成立させるルールの必要性を感じたからという(『10＋1』No.48、INAX出版)。つまりコンピュータによる自由な形態の氾濫が、アルゴリズム的秩序の必要性を生み出したのだ。

　広義のアルゴリズムである遺伝的アルゴリズムを設計に援用する試みもある。松川昌平は、複雑な建築的条件に対して、トップダウ

貝殻のアルゴリズム

つくる手順は同じなんだけど、初期値を変えるとまるでちがう形のものができる
（本当）

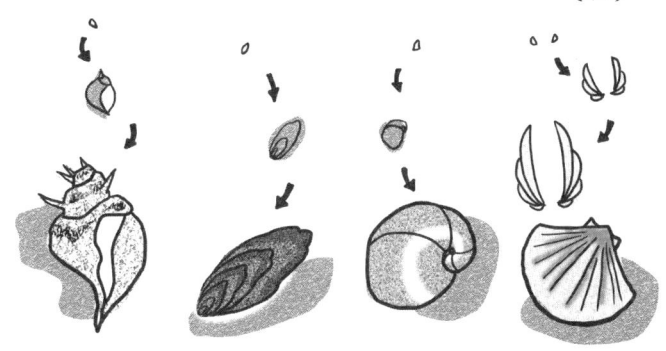

ンではなくボトムアップ式に多数の解を投げ込み、効果的に準最適解を導く方法論を唱える。松川は、ボロノイ的多角形平面がパラメータの変化に応じてリアルタイムで変化するアルゴリズムを持つCADも自ら制作し、砺波の美容室（2006年）の設計に応用した。

メディア・アーティストの徳山知永は、設計のためのソフトウェアを2つ開発した。1つは、石上純也によるKAIT工房（2008年）の柱のパラメータの編集に特化したソフトウェアであり、柱の角度、幅、厚みの自由な編集が可能で、統計、3D表示も可能、またそれらがリアルタイムに連動する。もう1つは、隈研吾によるティファニー銀座本店（2008年）のパネルの編集に特化したソフトウェアであり、パネルの角度、位置、オフセットの自由な編集が可能で、パネル方向のサーモグラフィ的な色分け表示や、カメラ方向のパネルだけを大きく表示することもできる。両者とも、既存のCADでは追い付けない要素の編集を可能としており、設計の複雑さがプログラムの制作によって克服されている。いずれも、アルゴリズムと設計の親和性を示す事例だといえよう。

建築をサポートする

39 建築模型制作者

職人技術で
クライアントの心をつかむ

　法隆寺や清水寺などの建設現場の脇には縮尺模型があった。その歴史をたどると、1000年以上も前から、宮大工は建設手順や寸法を確認するために建築模型をつくっていたのだという。江戸時代には、茶室の設計の際に紙で模型がつくられ、近代建築の時代に入ってからは、石膏を用いた模型が主流となった。また、近年では、画期的な素材としてスチレンボードが登場し、より簡単に建築模型をつくることが可能となるなど、建築模型は建築様式と素材の発展によりさまざまな姿へと変化し続けている。

　現代において建築模型は、建物を設計する中で、検討、比較、確認をするための「スタディ模型」や建物の完成した様子を表現した「プレゼンテーション模型」、博物館などで動作や仕組みを説明するための「展示模型」、住宅やマンション販売業者による「販売支援模型」に大別される。その中でも、最も制作頻度が高いのは「スタディ模型」だが、これらは設計者サイドで制作することが多い。残りの3つのタイプで活躍するのが建築模型制作者となる。

　建築模型制作者になるには、建築の基礎知識

を習得することが望ましいが、公的な資格はない。模型制作の基本的な技術を身に付けた上で、模型制作会社や大手のゼネコンに設けられた模型専門のセクション、設計事務所や独立した職人タイプの建築模型制作者のもとへ就職するのが一般的だ。得意な建築タイプと扱う素材、それに伴う技術的ノウハウは、それぞれ異なる。

　建築模型は設計者がクライアントに建築を伝える上で、図面と同じように重要なもの。つくり方や制作時間、材料にもよるが、模型制作会社の制作する模型は小さなものでも5〜10万円。マンション模型など大きく細かい部分まで再現するものなどは、100〜1,000万円という価格にもなる！　さらに優秀な職人がつくり出す、保存を目的とした建築模型などは、芸術の領域と評されることも多い。名建築には名建築模型あり、と言われるように、この世界は意外と奥が深い。その域に到達するためには、長い年月をかけて技術以上に感性を磨かなければならないのだろう。　　　　　　（大西正紀）

●主な就職先：模型制作会社、模型専門のセクションを持つゼネコン、建築設計事務所、建築模型制作者の個人事務所、住宅メーカー、工務店など。在宅ワークとして活動する人も多い。
●就職方法：建築系教育機関や通信教育にて、建築についての基礎知識と模型制作の基本的な技術を身に付けた上で、就職希望先にアポイントを取る。
●必要な資質：手先の器用さ・正確さ、ものづくりが好きであること、図面の読解力、芸術的センス。
●関連資格：特になし。

40 秘書

建築業界の最前線で業務をサポート

　建築系の秘書は、大きく設計事務所勤務か、大学勤務に分かれる。大学に自分の研究室を持つ建築家は、事務所と大学の両方に専属の秘書を置くこともある。

　仕事内容は、担当する建築家や教授などによって千差万別であるが、サポート業務全般といえる。スケジュール管理や出張手配、会議の準備、資料作成、来客応対や電話応対など外部との連絡のサポートを行うことが、秘書業務。加えて、アトリエ系設計事務所の場合は特に、広報や総務の業務も横断的に行うことが多い。

　アトリエ系設計事務所での秘書の活動を例に挙げよう。建築家や事務所全体でのプロジェクトや展覧会、講演会などを支援し、出張の手配などをする。クライアントやイベント主催者などと電話やメール、ファックスなどで綿密に連絡を取りながらプロジェクトを進めていく。海外でのプロジェクトが多い事務所では、英語のスキルは絶対だ。秘書は重要な連絡事項の窓口であるため、受け取った新しい情報や連絡事項を担当者に迅速に伝え、返事は相手の要望や状況を考えながらふさわしい言葉を選んでいくこ

とが必要となる。社外ではあらゆる分野のトップクラスの人々とのやりとりが多いため、物事をさまざまな方向からとらえることや大きな視点に立って見渡すことを学べる職種である。

広報はメディアからの取材依頼に対応する業務が大半。掲載目的、必要な資料、社長である建築家や社員への取材の有無、締切などを確認し、進めていく。総務は事務所の管理運営にかかわる業務で、例えばOA機器や社屋のメンテナンスの手配などがある。

大学勤務の秘書の場合は、基本的には研究室の運営事務を行うことがメインの業務となる。教授の研究に関する調査準備や講演会の補助、出版補助などを行い、研究室に所属する学生や留学生の対応を行う。さらに、研究室で進めるプロジェクトの補佐をすることも。例えば、企業との共同研究や委託研究に関する書類を作成したり、実施計画がある場合には設計を補助することもまれにある。事務所でも大学でも、知的好奇心が旺盛で、周囲の状況に臨機応変に対応しながら業務をサポートできる人が求められている。　　　　　　　　　　　（加藤 純）

●主な就職先：アトリエ系設計事務所、大学の研究室など。
●就職方法：一般公募は少ない。欠員が出たときに求人が出ることが一般的。
●必要な資質：基本的なビジネススキル。スケジュール管理能力とコミュニケーション能力。英語力。
●関連資格：特になし。秘書検定（3級、2級、準1級、1級）を持っていると有利なこともある。

41 確認検査員

違反建築を水際で阻む建築実務のGメン

「姉歯事件」として社会問題になったマンションの構造計算書偽装事件を発端に、建物の設計内容が厳しく審査されるようになり、審査業務を担う人材が多く求められるようになった。その審査業務を担うのが、確認検査員だ。

原則として、どんな建築物も、「建築確認申請」と呼ばれる審査をパスしなければ工事に着手できない。建物の発注者や設計者は、設計が終わったら、建築確認申請として、その内容を届け出て、建築基準法や関連する法令に則していることを認めてもらう必要がある。

設計内容の届出先は、国の指定を受けた「確認検査機関」だ。もともとは都道府県や市区町村などの公的機関だけだったが、1999年からは民間にも開放された。現在、確認検査機関には、従来からの公的機関のほかに、日本ERIやビューローベリタスジャパンといった多数の民間会社がある。

確認検査員の仕事場は、そうした確認検査機関だ。主な業務は、建築確認申請として提出されてきた設計内容が、建築基準法や関連する法令に則しているかどうかの審査だ。違反や不備

があれば指導して、法令を守った設計内容への改善を求める。確認申請の審査のほかにも、工事が始まってからの中間検査、工事が終わった時点での完了検査といった検査業務など、確認検査員が担う業務は少なくない。

確認検査員は、違反建築を見逃してはならないという責任を伴うので、構造や施工など、建築実務に関する広範な知識と経験が不可欠だ。そのため、確認検査員となるためには、1級建築士であることを前提とした「建築基準適合判定資格者」という資格が求められる。つまり、事実上、大学の建築学科を卒業したばかりの若手が、いきなり確認検査員になれる可能性は極めて低い。

しかし、確認検査機関は全般に、業務量に対して人手が不足している。そのため、実務経験や資格を持たない人でも、まずは「補助員」として採用するところが少なくない。確認検査員を手伝いながら、確認・検査業務の実務を学び、資格を取得すれば、正式な確認検査員への道が開かれる。　　　　　　　　　　（松浦隆幸）

●主な就職先：国が指定する確認審査機関。
●就職方法：地方公共団体の場合、公務員採用試験を受ける。民間企業の場合、一般公募に応募。
●必要な資質：各種建築実務の経験。
●関連資格：建築基準適合判定資格者、1級建築士。

42 意匠審査官

デザインとは何かを考え続ける国家公務員

　特許庁で物の形に対する権利を与えるか否かの判断をする仕事である。建築物では、主に建材や建売住宅などの意匠が審査の対象となる。基本的には量産できる工業製品に対して行う審査なので、建築家のつくる一品住宅は対象外。現在、これを保護するのは著作権である。

　特許庁が扱う権利は特許・実用新案・意匠・商標の４種類で、特許審査官は技術的な発明、商標審査官は商品等を区別するためのマークを扱う。建築出身者が特許庁に入る場合、意匠や歴史を研究していれば意匠審査官、構造や設備を研究していれば特許審査官になるのが一般的である。意匠審査官は国家公務員Ⅰ種相当の試験に合格しなければならないので、学生時代は何より試験勉強が重要となる。採用後は、一定期間の実務研修を経て審査官に昇任する。なお、審査官の実務経験を７年積むと弁理士の資格を取得できる。

　仕事内容は、出願された図面を見て、過去のデータベースと比較し、今まで同じような物がなかったかを審査する。対象物は大まかなカテゴリーに分けられ、１人の審査官がいくつかの

分野を担当して集中的に審査する。建築物に関連するものとしては、ドアやサッシなどの出願が多い。審査のためには、図面と過去のデータベースとの比較をひたすら続けるという根気のいる作業が必要となる。書類（図面）を出願するのは大企業の知的財産部や特許事務所の弁理士、個人の発明家などさまざまであるが、出願人と直接会ってデザインの現場の知識を得て審査に生かすことができる。基本はデスクワークである。

審査では形が似ている、似ていないという感覚ではなく、過去の判例に基づいた法律的な解釈が重要になる。よって、論理的に物を考えることができて、法律的な文章を読み書きすることが苦にならない人が向いている。建築やインテリアと工業の関係に関心があり、バックミンスター・フラー、イームズ夫妻、ジャン・プルーヴェなどが好きな人には夢のある職種だろう。法律の変化とともに保護対象範囲が変わっていく可能性があるため、「意匠とは何か」ということを常に考え続けることになる。

（フリックスタジオ）

●主な就職先：特許庁。
●就職方法：意匠審査員の場合、特許庁意匠審査員採用試験（国家公務員採用I種相当の試験）に合格する。特許審査員の場合、国家公務員採用I種試験に合格（技術系）する。
●必要な資質：デザインや技術に関する知識や関心。論理的な思考や根気など。
●関連資格：国家公務員I種、弁理士。

43-52
研究・教育・文化を盛り上げる

建築そのものをつくるというよりも、
建築の応援団というべき分野がある。
例えば、研究を通じて、建築学の発展に貢献すること。
次世代のより良い空間は、ここから生まれる。
あるいは、教育やメディアを通じて、建築の面白さを伝えること。
こうした活動は、次世代の建築関係者を育成したり、
社会において建築ファンを増やすだろう。
ものづくりの現場が体育会系だとすれば、
おそらくこれらの職業は文化系の人に向いている。　（五十嵐太郎）

冴えてる!! 研くん

コマ1:
あんたサンスケの家直しといて
そのために建築科行かせたんやで

コマ2:
間口は犬の回転半径から決定しなければならない…だがペットの犬の運動量に対し……

コマ3:
そもそも犬の家畜化は旧石器時代から…
建材としてのアルミニウムの特性はモダニズムの文脈において…

コマ4:
われながら鋭い切り口
「犬とアルミとメソポタミア」
はよ直してや

43 大学の研究者

激動の時代に学問を仕事にするということ

　大学をめぐる状況は変化している。かつては勉強が好きで、就職していく同期を横目に、大学になんとなく残っていれば、やがて研究室の助手になり、そのうち別の大学の先生になるか、同じ研究室を引き継ぐことになっていた。1990年代以降、修士課程への進学率が飛躍的に向上し、さらに博士号を取得する建築系の研究者は急激に増えた。したがって、博士号や留学の経験は、必ずしも希少価値ではなくなった。ポスドク問題が叫ばれるように、博士号を取得した後も、就職口のない研究者が大量にあふれ、非常勤講師やアルバイトで食いつなぐケースが登場している。何度も公募にトライし、大学に就職口を探すのが一般的である。だが、やっと就職が決まっても、終身雇用ではなく、何年かの任期制になっていることも多い。研究者もサバイバルの時代なのだ。

　現在は、博士論文だけではなく、黄表紙と呼ばれる日本建築学会の論文報告集に何本か発表していることなども条件に課せられていることが多い。アカデミズムの世界では、著作や雑誌掲載論文よりも、査読論文の方が高く評価され

る。美大系に比べて、工学部に所属する建築学科では、こうした傾向が著しい。なお、給料は私立大学の方が高く、組合などがしっかりしていると、さらに良いという。少子化の時代を迎え、大学では学生の獲得競争が始まっており、サービス業化も進む。自分の好きな研究だけをやっていればよいという環境は減っていくだろう。大学は大きな変動の時代を迎えている。また、出世すると、各種の委員会の仕事が増え、さまざまな雑務もこなさなければならない。

　もう1つの変化としては、90年代以降、アトリエ系の建築家が大学の教職に就くことも当たり前になった。こうした場合、必ずしも修士論文や博士論文を書いていなくても、設計した建築作品や社会的な活動によって、これに相当する業績が認められると、先生になれる。例えば、日本建築学会作品賞は大きな効力を持つ。安藤忠雄も東京大学の教授に就任した。『新建築』の作品掲載も論文としてカウントされるケースがあるという。　　　　　　　　（五十嵐太郎）

●主な著名人：斎藤公男、陣内秀信、鈴木成文、鈴木博之、藤森照信など。
●就職方法：最近は公募が多い。
●必要な資質：研究が好きであること。学生を指導でき、雑務もこなせること。
●関連資格：黄表紙などの査読論文を何本か提出していることや、1級建築士などの資格が求められることもある。

Interview

折り紙から
新しい建築を創造する

舘 知宏（コンピューテーショナル・アーキテクト、折り紙工学者）

　東京大学駒場キャンパスにある研究室には、カッティングマシンや3次元プリンタなどのデジタルファブリケーションの機械、紙を折り曲げてつくられたさまざまな物体が並ぶ。その一方でいわゆる建築模型は見当たらず、建築の専門書もあまりない。建築系の研究拠点としては異色の風景だ。

　舘知宏氏はコンピューテーショナルデザインと、折り紙、建築設計を融合するような研究をしている。建築学のジャンルでいえば設計手法の研究に入るのだが、かなり先鋭的で抽象的な内容だ。どのようにしてこの研究対象へとたどり着いたのだろうか。

　そのきっかけは建築ではなく折り紙だ。小さいころから折り紙を折るのが好きだったという舘氏は大学入学後、折り紙の学術的な面白さに気付き、折り紙の設計法を自ら勉強する。「折り紙にはアル

たち・ともひろ
1982年生まれ。2005年、東京大学建築学科卒業。2007年、同大学大学院修士課程（建築学専攻）修了。2010年、同大学大学院工学系研究科建築学専攻博士課程修了後、同大学院総合文化研究科広域システム科学系助教。折り紙の数理とアルゴリズム研究（コンピュテーショナル・オリガミ）と物理ベースデザインを含むコンピュテーショナル・デザインの研究を行っている。博士（工学）。JSTさきがけ研究員。

ゴリズムがあるんです。例えば"足が6本の昆虫"という与条件から、折り方を数理的に導くことができるんです」。

やがて舘氏は「幾何学、美術、数学といった要素が関連している」という理由から建築学科に進学した。当初から建築のデザインそれ自体ではなく、建築をつくる方法論に興味があったが、折り紙と建築が結び付くとは考えていなかった。変化があったのは、学部4年生のスタジオ課題でのことだ。建築家・北川原温氏による「美しい形から意味を見つける」という課題で、舘氏は3本足の構造体を折り紙でつくってみた。足の位置を固定すると全体が固定されるというのがコンセプトだ。「伸び縮みする、折りたためる、といった折り紙の機構を建築に還元できる可能性に気付いたんです」。

大学院に進学し、舘氏は3次元的な折り紙の設計手法を研究する。

「3次元ウサギ(スタンフォードバニー)」2007年

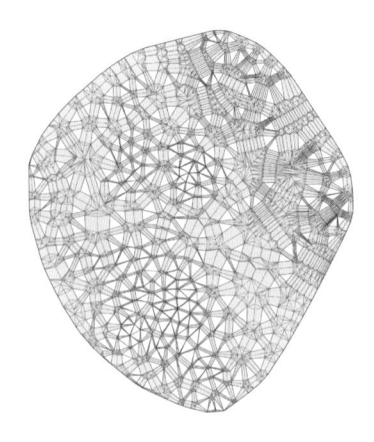

ソフトウェア"Origamizer"によって作成した「3次元ウサギ」の展開図。「最初は難しいかもしれませんが、コツをつかめば早く折れるようになります」

「それまでの折り紙の設計手法は内骨格をつくるようなイメージで、表面の形は設計できませんでした。だからどんな形でも設計できるツールをつくろうと」。それが任意の3次元形状をインプットすると展開図を計算してくれる"Origamizer"だ。その後、折りのシミュレーションと形状の編集・変形を同時に行える"Freeform Origami"も開発。「例えばこの部分に柱が来るように、と条件を加えたり、高さをちょっと変えたり、粘土をこねるイメージで折り紙を設計できるんです」。こうしたソフトウェアは、舘氏のウェブサイトで公開している。

　最近は理論を実践へと拡張するために、ある程度の大きさを持ったモデルでの実験や提案を行っている。「折り紙の機構はオープンで汎用性が高いので、いろんな使い方を提案しています。デジタル

舘氏の卒業設計「折庭」2005年。可動折板構造の「折紙建築」を採用し、折りたたみによって形状が変化する。奨励作に選出された

「3次元ウサギ」の金属ヴァージョン(2011年)。レーザーカッターで筋を入れた鉄のシート(写真上)を折る。折り線の集中する頂点位置に穴を空ける

ファブリケーションやパーソナルファブリケーションの文脈にも絡めて技術を応用していきたいですね」と舘氏は今後の展望を話す。

　実は折り紙という研究分野には国際性がある。「ORIGAMI」と呼ばれ、4〜5年に一度国際会議も開かれる。物理や数学、アートなど多彩なジャンルから集まる研究者の中にはマサチューセッツ工科大学の天才的数学者、エリック・ディメインなどもいて、舘氏は共同研究も行っているという。

　それにしても、大学入学当時からかなり一貫して研究活動に邁進してきたように思えるが、どうしたら研究者になれるのだろうか。「よく学生に言うのは『自ら調べ、自ら考える』です。これは出身の武蔵高校が掲げる理想像のひとつですが、研究者を志す学生にも当てはまる考え方だと思っています」　　　　(取材・文＝平塚 桂)

44 研究員（行政関連の建築技術研究所）

公共的な課題を技術的にバックアップする

　建築行政にかかわる技術研究所には、主に「国土交通省国土技術政策総合研究所（以下、国総研）」の建築関連部門と「独立行政法人建築研究所（以下、建研）」、そして北海道庁の「北方建築総合研究所（以下、北総研）」の3つがある。

　国総研では、国土交通省所管の技術政策の企画立案に密接にかかわる調査、研究開発を行い、建築のほかに土木や港湾、空港に関する研究部門もある。建研では、営利を目的とする民間では研究開発リスク等の面から必ずしも扱われないが、公的には重要な研究を中心に行っている。北総研では、立地が北海道旭川市ということもあり、寒冷地にかかわる研究（断熱や風雪対策）が重視されている。

　茨城県つくば市にある国総研の建築関連部門と建研を例に説明すると、この2つの研究所はもともと同じ組織ということもあって現在も同じ建物にあり、相互の研究支援や人材の行き来もある。広い敷地を生かし、実際の建物と同じサイズの試験建物を使って強度実験できる施設や、建築材料の長期にわたる耐久性試験ができる施設、大掛かりな風洞実験施設などを所有し

ている。

両研究所で行っている研究は、例えば構造計算書偽装事件や、シックハウス問題、さらにエレベーターやジェットコースター事故など社会的に重要なトピックを背景にした内容が多い。またその研究成果は政策立案に生かされるものが多く、実社会に反映される手応えがある。さらに国総研の場合、緊急に法的対応が求められる事件が発生した際には、法改正の技術的ブレーンとして対応に当たることも多い。一方で高強度鋼や省エネ設備など、革新的な技術の開発や普及を進める役割もある。研究実施に当たっては、大学や民間企業と共同で行うことが多い。また、国総研、建研出身で活躍する大学教授は多く、研究者のエリートコースでもある。

(平塚 桂)

●主な就職先：国土交通省国土技術政策総合研究所、独立行政法人建築研究所、北海道立北方建築総合研究所。
●就職方法：ウェブサイトなどに告知される公募情報が窓口である。定員に空きが出ない限り求人がない狭き門。なお、国土交通省に採用された公務員が、異動により、国総研、建研に配属される場合もある。
●必要な資質：調査研究の位置付けを俯瞰的に見る力。根気やマネジメント能力。
●関連資格：工学博士、国家公務員I種。

45 研究員（民間の建築技術研究所）

新しい事業モデルを生む、実践的な研究開発

　建設技術に関する民間の研究所は、大手から準大手の各ゼネコンやハウスメーカーに付属するケースが多い。規模や施設はさまざまだが、大規模なところでは大型の各種実験施設を所有したり、研究所自体を最新技術のショールームのようにあつらえ公開していたりもする。

　一口に建設技術を扱うといっても、守備範囲は広い。耐震や防火など防災関連の技術から水、土壌などの環境技術、施工技術や材料、環境共生や省エネルギー技術などがある。したがって所属する研究者も建築や土木のみならず、機械や電気、化学、農学など多彩な分野の専門家がそろっている。建築系学科の出身者では、構造系や設備系の研究を専門とする者が比較的多く、計画系の専門家の割合はかなり低い。

　活動の際立った特徴は、研究開発の成果が企業の利益に結び付く点だ。したがって新しい事業モデルのベースとなる技術を研究開発することが目標となる。工法や材料などを開発する場合は、1つの専門分野による研究者では解決できないことが多く、大学や関連メーカー、自治体などを含む複合的な組織で対応することもあ

る。また、従来の研究所では、分野別にタテ割りされた組織形態が一般的であったが、近年は目的別にカテゴライズされた分野横断的な組織に再編される傾向も現れている。

近年の建設業は、生き残りをかけた厳しい経営環境下にさらされている。大手ゼネコンでは、技術開発を重視し、他社との差別化を図る経営戦略を打ち出している。建設業の研究所は、設計や生産現場からの要請に応じた技術的な支援を行うと同時に、このような技術開発において中心的な役割を担う部署でもある。

近年は研究員の募集は総じて少ない傾向にある。さらに研究所側の強化したい専門分野に応じて、求人の方針も変化する。就職は運やタイミングが絡む側面もあるが、建設技術革新の最前線を担う実践的な研究開発ができる職業だ。

(平塚 桂)

●主な就職先:大手、準大手ゼネコン、ハウスメーカー等に付属する研究所。
●就職方法:大学の研究室を通じた求人への応募など。修士卒での採用が多い。
●必要な資質:専門分野により異なるが、技術に対するこだわりや強い関心は必須。
●関連資格:博士号(工学、理学等。主に就職後に取得)。1級建築士、技術士(企業によっては責任あるポストに就く際に必要)。

46 高等学校教諭

建築「を」教える、建築「で」教える

　高等学校で「建築を教える」のが高等学校建築科教諭の仕事である、と説明したいところであるが、実際はそう簡単にはいかない。

　まず、建築の「何を教えるか」という問題がある。学校によっても差があるが、建築に関する必修教科の授業時間数は限られており、教科書すべてを隅々まで扱えないのが現実だ。「何を教えるか」というより「何を教えないか」を意識して授業をせざるを得ない。限られた時間でどれだけ多く建築の学びのエッセンスを生徒に伝えられるかが大切だ。また、高等学校で建築を学ぶ生徒は、必ずしも「建築」に強い関心を持っているとは限らない。だからこそ、教え子が将来建築関係の職業に就こうが就くまいが、建築「で」、建築「を通して」、生きる上で大切なことを教えることも必要だ。

　工業高等学校では「ものづくり教育」が重視されている。そのため実習や製図の時間が比較的多く、生徒1人ひとりにきめ細やかな指導ができるのが特徴だ。生徒に基本をしっかり教えれば、大学生でも描けないような緻密で正確な手描きの図面を描く高校生もいるので、そこに

教えがいを感じることもできるだろう。

　高等学校教諭が実際に教える内容は多岐にわたる。建築が専門でも高等学校の教員免許は「工業」として与えられるため、建築以外の工業関係の授業を担当することもあり得る。もちろんホームルーム活動も。とにかく何でも指導できなければならない立場なのである。授業以外の業務も多い。校務分掌（教務、総務、生徒指導、進路指導等）の仕事や学級経営（クラス内や生徒個人の問題への対応）、資格取得の指導、部活動の指導も多く、休日出勤も珍しくない。

　高等学校教諭は、生徒1人ひとりの進路決定の重要な時期の教育を担っている。生徒自身の将来設計にかかわり、その上で就職試験や入学試験の受験指導をし、普段の教育活動全体を通して、社会人としての常識やものの考え方を教え育てていく。したがって建築の仕事というより教育の仕事という要素が強い。だからこそ、生徒たちとのかかわりの中で、生徒からも多くを学び、共に感動して、教員としても、人間としても互いに成長する喜びを感じることができる職業である、といえよう。　　　　（伊藤有宏）

●主な就職先：高等学校（国公立、私立）。
●就職方法：教員採用試験に合格する。合格しなくても枠があれば常勤講師・非常勤講師として経験を積むことも可能。
●必要な資質：教育にかける思いと向上心。行動力、生徒・保護者・教員間などとのコミュニケーション力、事務処理能力。
●関連資格：高等学校教諭普通免許状（工業）。ただし、「建築」「インテリア」「デザイン」の免許状は認定試験によって取得可能。

47 学芸員

建築を読み解き、社会につなぐ

　学芸員とは博物館で展覧会を企画する人、というイメージが強いかもしれないが、それを含めて実際の仕事内容は多種多様である。一般には資料（作品）を収集・保存し、調査・研究した上で、初めて展覧会や普及事業というアウトプットに至る。それ以外にも、館の運営や広報に関する実務を担当している場合が多い。

　ところで、建築における資料とはスケッチや図面、模型はもちろん、大工道具、古絵図、古写真、取り壊される建築の部材など多岐にわたる。時には解体直前の民家の屋根裏や土蔵にもぐり込み、埃まみれになって棟札や文書類を調べることもある。こうした調査を通して、関係者や遺族のもとにあった資料は博物館へ寄贈され、登録・保存される。1件の寄贈者に対し、数年がかりの整理・登録作業となることも珍しくない。初めて第三者の目に触れる実物資料も多く、これらを基に調査・研究・展示へと発展させ、建築自身あるいは建築と社会の関係を読み解いていくことが仕事の醍醐味である。

　これまでの美術館や博物館における建築展示は、建築家に関するものであれば美術史、地

域の寺社や民家に関するものであれば歴史や民俗、遺跡や復元建物に関するものであれば考古学の学芸員によって手掛けられる場合が多かった。日本の美術館、博物館には建築専門の学芸員がほとんどいなかったためである。

　しかし、人の営みがある場所には必ず建築がある以上、美術館や博物館における建築展示や資料収集・保存は、これから需要が高まるかもしれない。建築を学んだ人が学芸員として活躍する場合、まだまだ未開拓な分野が多く、誰もが第一人者になれる可能性を秘めている。現実の日本の博物館は、独立行政法人化や指定管理者制度の導入で混乱の最中にあり、存続自体が危ぶまれる施設もあるが、それを割り引いても、手付かずの資料に接し、建築の新たな側面を発見・発信する仕事には魅力を感じるものである。

（酒井一光）

●主な就職先：博物館、美術館、科学館（国立科学博物館、国立歴史民俗博物館、国立民族学博物館、江戸東京博物館、横浜都市発展記念館、博物館明治村、大阪市立住まいのミュージアム、竹中大工道具館、大阪歴史博物館など）。
●就職方法：公募の採用試験が多い。ただし、博物館施設では欠員補充や増員が生じた場合に募集を行うため、時期が一定せず、常に全国の学芸員採用試験情報を収集する必要がある。中途採用の場合、全く異なる職種から転職する人もいる。
●必要な資質：調査、研究、展示、普及事業などに熱意を持って取り組めること。美術、デザイン、歴史、産業技術史、文学など関連諸分野と現代社会に対する関心を持っていること。展覧会といえば華やかな面もあるが、実際は裏方の地道な作業が多く、持続力・忍耐力も必要。
●関連する資格：学芸員。

Interview

建築と都市をつなぐインディペンデントキュレータ

寺田真理子（Y-GSA スタジオ・マネージャー）

　日本にはないが、ヨーロッパには建築博物館という施設がある。建築という分野でミュージアムの役割を果たす。展覧会の開催、図面・資料を保管するアーカイブ機能、調べものができるインフォメーション機能、そして建築文化を啓蒙する教育も重要な役割。ロッテルダムの「オランダ建築博物館（NAI）」はそのような建築博物館の1つで、そこのアシスタント・キュレータとして在籍していたのが寺田真理子氏だ。NAIでは2000年の日蘭友好400周年を機に現代日本建築展「Towards Totalscape」が開催された。オランダで活動する建築家吉良森子氏によるキュレーションで日本のランドスケープと建築を紹介する展覧会であったが、寺田氏はそのスタッフとして参加することになった。ヨーロッパ人が知っている日本は、東京のカオスと京都の伝統くらいなもの。現代日本のリアリティを

てらだ・まりこ
1968年、神奈川県生まれ。1990年、日本女子大学住居学科卒業後、鹿島出版会入社。雑誌『SD』の編集に携わる。1999〜2000年、オランダ建築博物館にてアシスタント・キュレータ。帰国後、インターオフィスにてキュレータを務めた後、インディペンデントキュレータとして活動。現在、横浜国立大学大学院（Y-GSA）スタジオ・マネージャー。

見せるために、大都市、地方都市、農村、自然、そして人工環境という5つの風景に分けて構成。合計58人の日本の建築家、企業が作品を出展した。日本には建築博物館がなく、建築を扱うキュレータも少ない。そのような状況の中で寺田氏の担う役割は大きい。

　日本女子大学住居学科を卒業した彼女は、『SD（スペース・デザイン）』の編集部に所属する。『SD』は毎月あるテーマで組まれた特集を中心とした建築・デザインの情報誌。建築設計ではなく情報・コンテンツ企画を選択した結果の進路だった。そのころはまだバブル時代の後期。テーマパーク的商業施設やハイテク建築などが花盛り。日本でなら何でも建てられると言わんばかりに外国人建築家も大勢集まってきたころ、「日本」や「建築」といった枠にとらわれないテーマを模索していたのが寺田氏。まずアジアに目を向けた。

2000年、オランダ・ロッテルダムにある建築博物館(NAI)で行われた現代日本建築展「Towards Totalscape」。寺田氏は企画・運営に携わる

『SD』で企画した最初の特集は、台湾の現代建築を紹介するもの。立て続けにベトナム、香港などの建築文化を特集し、現代アジア建築とデザインをいち早く評価していた。世界から吸収する一方だったアジアの現代建築が世界に発信し始めた転換期でもあった。

　彼女の視点はアジアにとどまらず、スイスに続き特集したオランダが、彼女に次の示唆を与えた。建築家が設計するデザインが都市の風景と密接にかかわりを持っていたオランダから学ぶべきものは多かった。ワイドな着眼点は彼女の日ごろの動き方から派生した当然の帰結だろう。主な取材現場やイベント会場にはよく姿を見せる彼女の顔を知らない関係者はあまりいない。その人脈は世界に及び、適材を瞬く間に結び付けていく。まさに歩くメディア。多くのプロジェクトは彼女のような人材の一言から始まるものだ。

2007年、横浜国立大学大学院(Y-GSA)のスタジオマネージャーとして、スイス連邦工科大学(ETH Zürich)との共同ワークショップ「Harbor City——水際から考える横浜港湾地域の未来」を企画・運営。Y-GSAから19名、ETHから12名の学生が参加

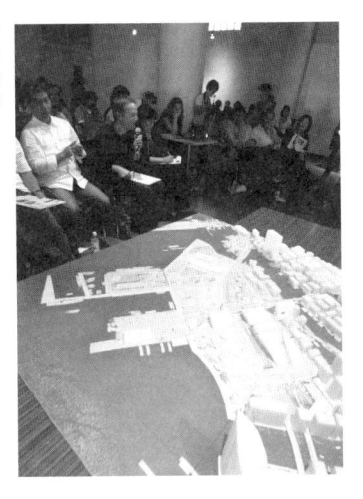

　オランダ特集制作の後、雑誌を離れオランダで建築と都市に関する展覧会の制作にシフトする。帰国後も「ルイス・バラガン展」、六本木ヒルズオープニング展「世界都市展」の制作などに携わる。ヨーロッパで日本建築展があれば招聘され、「ロッテルダム建築ビエンナーレ」、オルレアンの「アーキラボ展」をキュレーションする。常に建築とその周辺環境、都市とのかかわりを紹介し続けている。現在、横浜国立大学の建築大学院、Y-GSAのスタジオ・マネージャーとしても活動を始めた。建築界のスーパースターを教授として取りまとめ、企画や運営をこなす学校の要だ。教授陣に共通した意識は、建築を都市の問題として取り上げること。寺田氏の活動は、紙媒体、展覧会、教育とさまざまなステージにまたがるが、その視線は一貫して都市への広がりの中にある。　　　　　（取材・文＝高木伸哉）

48 建築写真家

時代と建築の潮流を切り取る!

　世界で最初の写真は、1826年、フランスの発明家ジョセフ・ニセフォール・ニエプスが自分の家から見える風景を撮影したものだ。その15年後、カメラは日本へ伝えられ、明治期に入ると、記録を目的とした建物の"竣工写真"が生まれた。竣工写真は、被写体に正対して撮るため、垂直、水平が整えられているのが特徴であり、現在でも建築写真の主流である。

　戦後、カメラは小型化へと向かい、自由な方向からの撮影が可能となった。そして、建築専門誌等の建築メディアの成熟と共に、建築写真は記録だけではなく、独自の表現で建築の魅力をどう切り取るかという新しい方向性を見出し、竣工写真からの脱却へと向かう。さらに近年は、デジタル化の進行や建築デザインの変容、そして一般誌でも建築が取り上げられるようになるなど、依頼主のニーズも多様化し、より大きな転換期を迎えている。

　建築写真家の生業は、建物の竣工時に撮影を依頼され、クライアントに提出される竣工写真や建築家や設計者のプロモーションのための写真を撮影することが主となる。できたてほやほ

やの建築物が建つ現地へ赴き、限られた時間の中で建築空間を体感しながら、環境を読み取り、構図や撮影方法を考えながら撮影を行う。まさに知力も体力も必要な職業だ。

建築系の学生が建築写真家になるには、大学や専門学校で建築について学ぶと同時に写真の基礎を学ぶことが望ましい（写真の専門学校で学ぶのも手だが、建築写真を専門に学べるところは今のところ日本にはない）。その後、建築写真家の個人事務所や建築専門出版社などの写真担当セクション、建築を専門にした写真事務所に属し、経験を積んだ後、独立するのが一般的だ。独立後は、建築家や設計者とのコネクションを築きながら、撮影の仕事を積み重ね、認知度を上げながら仕事を増やしていくのが定石だ。

しかし、今後、建築写真に求められる表現が、より多様性を増していく中で、建築写真家として最も重要な資質は、時代と建築の潮流を読み取りながら、建築の表現とは何かを常に考え続ける能力とセンス、そして堅実な技術だといえよう。

（大西正紀）

●主な就職先：建築写真家の個人事務所、建築専門出版社（写真担当セクション）、建築を専門とした写真事務所。
●就職方法：一般公募は少ない。希望する事務所に直接連絡する。
●必要な資質：撮影に関する技術力、空間を読み取る力、建築関係者とのコネクション、コミュニケーション能力、交渉力、体力。
●関連資格：特になし。

49 建築評論家

文章の力で生きていく大変な仕事

　柄谷行人(からたにこうじん)は、文芸批評家として、初めてそれだけでメシが食えることが可能になった今では忘れられた人物を挙げていたが、そうした意味では建築評論家という職業が確立しているとは言い難い。テレビでは、官舎建設の無駄遣いをたたく「住宅評論家」なるものは登場しているが、建築の専門雑誌で執筆する限り、原稿料は原稿用紙1枚（400文字）当たり2,000〜3,000円であり、なかなか自立できない。おそらく、これは大学の教職員を兼ねている、あるいは建築家として収入を得ていることを前提にした値段設定と思われる。建築雑誌の発行部数が少ないことも原因だろう。実際、これまでの建築評論家は大新聞社に所属していたり、大学の先生だった。

　もし建築評論だけで食っていくには、一般誌（1枚5,000円以上）や新聞（1枚1万円前後）でも書いていく必要がある。松山巌(いわお)は建築の出身だが、「建築」という枠を外し、一般の文筆家となった。著作の印税は定価の10%が相場だが、建築書が数十万部のベストセラーを記録するほど、爆発的に売れることはない。なお、労働時間でいえば、講演やシンポジウムは、執

筆に比べると、楽な収入源となる。

建築評論家になるには、まず第一に文章を書くこと、本を読むこと、そして建物を見学するのが好きであることが望ましい。大学では、建築評論家を生産する講座そのものはないが、建築史の研究室や、意匠論をしっかりとやっているデザインの講座に所属しているとよいだろう。哲学や社会学など、人文系の基本的な思想を学んでおくことも必要だ。

最初のチャンスをつかむのが一番難しい。編集者にとっても、執筆経験がない人に頼むのは、大きなリスクだ。懸賞論文の制度がない建築界では、先生や建築家の紹介により、原稿を書く機会を得ることが多いだろう。ウェブサイト、同人誌などによる情報発信も役立つ。しかし、2回目からは個人の力によって判断される。評価されれば次の仕事が来るし、つまらなければ依頼がない。施主からの依頼によって仕事が発生する建築家と同様、厳しい世界である。（偉くならない限り）締切や字数はちゃんと守ること。依頼されたテーマに適切に答えつつ、独自の視点を入れること。新しい概念を創造すること。時には論争を仕掛けること。評論家には、こうした資質が求められる。　　（五十嵐太郎）

●就職方法：個人プレーなので就職先はない。名乗ればよい。原稿を編集者に見てもらい、チャンスをつかむ。
●必要な資質：的確な文章を締切までに書けること。

Interview

建築を軸に置きつつ発想する
プロジェクト・プランナー
という職業人

真壁智治（エム・ティー・ビジョンズ）

　「プロジェクト・プランナー」という独特の肩書きを持つ真壁智治氏。仕事内容は、文字通り「プロジェクトそのものの計画を立案し、遂行していくこと」だという。真壁氏は次のように説明する。「プロジェクトを計画としてプログラム化し、そこに何か"事態"を起こすのです。さまざまな能力を巻き込みながら、目標に向かって動く。"ディレクター"や"プロデューサー"と近いものがあるでしょう。無から有を生む仕事です」。

　真壁氏は20年以上前に、タイルメーカーのカタログを作製したことがある。建築家がタイルへのイマジネーションを膨らませることで、タイル需要をもっと引き出すことができないかと考えた。一般的には品番ごとに並ぶタイルの配列を、色のトーン別に再構成するようにディレクションした。色を忠実に再現するほか、タイルの

まかべ・ともはる
1943年、静岡県生まれ。武蔵野美術大学建築学科卒業後、東京藝術大学大学院に学ぶかたわら「遺留品研究所」を結成し、都市の記号環境を研究。先駆的な都市分析を行った書籍『アーバン・フロッタージュ』（住まいの図書館出版局）、『カワイイパラダイムデザイン研究』（平凡社）を著。1983年、プロジェクト・プランニングオフィス「エム・ティー・ビジョンズ」設立。

　サイズも同寸にし大きさも一目でわかるようにした。さらに、タイルとの組み合わせの活性化を促す異素材にも気を配った。素材の持つテクスチャーやディテールなど、建築家が求める感覚に徹底してこだわる姿勢。これは、真壁氏自身が建築の分野で培ってきた感覚であり、物事の発想の仕方であるという。

　真壁氏は自らのことを「アンビルド・アーキテクト」、つまり「建てない建築家」とも語る。単体の建築よりも都市的なことに興味があった真壁氏。建築学科に入学するに当たって、創立されて間もない武蔵野美術大学建築学科を選んだ。教師陣は芦原義信、磯崎新、竹山実らだった。そこで真壁氏は、芦原義信氏の「外部空間の構成」の論に触れ、強烈なインパクトを受ける。道路の幅と脇の建物の高さの関係を数値化し、そこで生まれる心理状況を分析するというも

紙を街の道や壁などに当て、鉛筆でこすることでその表層を写し取る「アーバン・フロッタージュ」。真壁氏は、自分の身体をもって都市を感じ取り、リアリティを得る手段として長年続けている

のであった。さらに人々は都市をどのように認識しているかを探るケビン・リンチの「都市のイメージ」など、都市に対するプラグマティックな（実用的な）方法論に関心を持ち、空間の分析の仕方を学ぶうちに、1つの確信に至る。「建てるだけが建築ではない」。

東京藝術大学大学院に進んだ真壁氏は、「つくらないこと」を原則としたグループ「遺留品研究所」を結成。都市をありのままに見る活動を続ける。さらに、自分の身体と都市との直接的なかかわりを求めて「フロッタージュ」を行う。これは、凹凸のある素材の表面に紙を当て、鉛筆でその地肌をこすり出すものである。真壁氏は東京の街の道路や建物の壁に紙を当てて採取した。都市のさまざまな事象を解析し、応用しながら再構築する考え方を得た真壁氏は、編集者松岡正剛氏との出会いをきっかけに、雑誌『遊』の企画など

真壁氏が企画・構成を手掛けた絵本シリーズ『くうねるところにすむところ―子どもたちに伝えたい家の本―』(インデックス・コミュニケーションズ)では1冊ごとに違う建築家を著者に立て、25タイトルが刊行された。2011年、平凡社より復刊がなされ、現在28冊目を数える

を通してプロジェクト・プランナーとしての実践の場を踏む。

　現在、真壁氏は数多くの企画を仕掛け、多数の建築家を巻き込みながら忙しく活動している。例えば、子ども向け絵本シリーズの企画・構成。また、大学の研究室とともに、一般の住宅ユーザーと家に関する学習をブログを中心に行う「COCOLABO」も6年目を迎えた。現在起きている建築ムーブメントを「カワイイ」というキーワードをもとに後押しする「カワイイパラダイム」研究。加齢化と感覚の研究。住宅と設計の統合を新たに図るウェブマガジン『家の知』の創刊。それぞれの活動は変幻自在でありながらオリジナリティに富み、熟慮された強い芯が必ず通っている。現在、真壁氏は中断していたフロッタージュを再開した。「建築的発想と身体的直感が私のひらめきの源となるからです」　　　　　　（取材・文＝加藤　純）

50 新聞記者

建築には冷ややか、
紙面"設計"のチャンスも

とても辛らつな言い方になるけれど、もしあなたが建築を学んだ経験を社会に生かしたいとか、建築について広く情報発信をしたいなどと考えているのなら、新聞記者になるのはやめておいたほうがいい。あなたの能力はほとんど役立てられないばかりか、新聞という一般メディアにおける建築のあしらわれ方に、失望するばかりだろうから。

日本の新聞記者のキャリアは、いわゆる「夜討ち朝駆け」の警察取材から始まる。これは徹夜の模型づくりに慣れたあなたにも、おそらく精神的、肉体的にかなりきつい。それを乗り越えた上で、希望通り文化部などに配属されて建築の話題を追うことができたとしても、一部の新聞を除き、社内的な反応や紙面での扱いは、驚くほど冷ややかに違いない。

2005年に発覚した構造計算書偽装事件は、例外中の例外だった。「談合」以外で建築の専門用語が連日社会面をにぎわせたのは、逆説的に建築の正しい姿が伝わるチャンスでもあった。しかし結局、新聞を含めたマスコミは事件関係者たちのキャラクターと政治のドタバタ劇

を面白がっただけで、建築の本質的な問題などには無関心だった。その後の建築基準法改正に対する報道の淡泊さが、それを見事なまでに証明している。

建築学科出身者が重宝されるとしたら、紙面のレイアウトや見出しを担当する「整理」部門だ。現在はほぼコンピュータ化されているが、つい10年ほど前までは専用の方眼紙に定規を当て、鉛筆でごりごりと「設計図」を描く職人的な仕事だった。また、取材部門でも記事内容を補う地図や図解をさらりと描くと一目置かれる。ただし、受けが良過ぎると整理部門に抱え込まれ、二度と取材に出られなくなるというリスクも背負う。

そうはいっても新聞社はバラエティに富んだ自由人の集まりだ。ウェブに押されながらも、メディアとしての影響力はまだ絶対的に大きい。建築を学んだというプライドにこだわらなければ、やりがいのある仕事であることは間違いない。　　　　　　　　　　（関口威人）

●主な就職先：新聞社。全国紙から地方紙、通信社まで、日本新聞協会加盟社で約110社（放送を除く）ある。
●就職方法：入社試験は筆記と面接。新卒採用のほか中途採用も比較的多いが、競争率はかなり高い。
●必要な資質：体力、忍耐力、コミュニケーション能力、文章力。
●関連資格：なし。

51 建築ライター

建物にまつわるあれこれを
分かりやすく伝える料理人

　料理人は、食事をする人のために栄養のある素材を探して仕入れ、それらを組み合わせながらおいしく料理して提供する。同じように、読者のために役立つ情報を探して入手し、それらを組み合わせて関心を持たれる記事を書いて提供するのが、ライターといえる。

　"建築"ライターが扱う情報は、建築にかかわるものすべて。取材をして記事をまとめることを基本とするが、その対象は特定の建物ということもあれば、設計者、建物に関係する企業や団体、個人など、多岐にわたる。媒体は、雑誌や書籍、新聞、またウェブサイトなどがある。建築専門誌は細分化しているが、一般のメディアで建築が扱われることも多い。

　イメージしやすいのは、新しい建物の紹介記事を書くことだろう。建物の概要を調べ、建物に足を運んで体感する。設計者に会って話を聞き、設計の意図などを取材する。そのほかにも、建物にかかわる人はたくさんいる。必要に応じて、事業主や運営者、開発者、施工業者や建設技術の開発者、利用者などに話を聞いていき、記事をまとめ上げる。ちなみに、建築分野では

ジャーナリストは少ないといわれる。前述のように新しい建物や技術を取り上げることで、読者に広く関心を持ってもらえるが、新しい建物ができることに依存し、記事が記録的な内容にとどまってしまうことが少なくないからだ。幅広い視野と見識を持ちながら、客観的で批評的に建築を伝える人材は必要とされるだろう。

建築ライターは、建築や住まい系の雑誌や本を扱う出版社の編集部で経験を積んだ後にフリーランスに転身する人が多いようである。ただ、編集業などの仕事をしながらの活動も多く、また建築以外の話題を扱うこともあり、線引きは明確ではない。仕事は、出版社の編集部などからの依頼で始まることが多い。テーマや具体的な取材対象、記事の方向性を編集者などと打ち合わせ、取材をしてまとめていく。建築分野を担当するだけに、ある程度の専門知識や図面を読み取る能力は必要となることが多い。ただし、最も重要なのは読者の求める内容を把握し、的確にまとめること。知識や作文能力は経験によるところも大きい。　　　　　　　（加藤 純）

●主な就職先：編集プロダクション等に所属するライターもいるが、出版社や新聞社などを経由したフリーランスが多い。
●必要な資質：取材先とのコミュニケーション能力。最新の動向にアンテナを張れること。テーマを掘り下げて言語化できること。
●関連資格：特になし。名乗った者勝ち。これからは英語力があったほうがいいかもしれない。

52 編集者

「今、建築について語るべきこと」を追求する仕事

　書店に並ぶ本は、すべて編集されたものである。雑誌や単行本、文庫本、新書など、あらゆる形態の書籍が等しく編集者の手を経て、初めて社会に流通する商品となる。

　出版社における編集者は、印刷される内容すべてについての設計図を描くのが仕事だ。それは、本や記事の大まかな内容を企画する作業と、それらにかたちを与える実務作業に大別できる。

　前者には、潜在的な読者を掘り起こす企画力と、著者との意思疎通を図るコミュニケーション能力が求められる。編集者の独りよがりに陥らないためにも、常にアンテナの感度を高めて情報を集め、その上で「今、議論されるべきことは何か」を判断する勇気を持っていたい。

　一方後者は、いわゆる校正作業（事実関係のチェック、誤字脱字の訂正、著者に表現の工夫を求める）や、文章を補完する図版を選んで手配するといった地味なデスクワークを指す。タイトルや見出しを考え、原稿や図版の効果的な配置を決める。デザイナーや写真家と見せ方を検討し、それらが正確にページに反映されるよ

うに、印刷所とのやりとりにも心を砕く。制作予算や作業全体の進行を管理する能力も重要であり、いずれの作業も「著者の意図をより伝わりやすくする」という命題を共有している。

　また、特に書籍に顕著だが、編集者自身はほとんど文章を書かない。しかるべき仕事を関係者に依頼し、協働を促すメディア（媒介）役を果たすことが、良い結果につながるのである。

　編集作業は紙媒体に特有のものではない。編集＝「ある考えをまとめて伝える技術」だとするならば、表現したい内容にとって最もふさわしいメディアを選択することから、編集はスタートする。集めた素材の組み合わせ方ひとつで、伝わり方は異なる。ひょっとすると、成果物そのものが新たなメディアとなり、未踏の表現領域を開拓する可能性もあるかもしれない。

　つくり出した成果が新たな議論を生み、建築についての考え方を更新する批評性を獲得できるのか。書かれた言葉が歴史となるとすれば、その手助けをするのが、編集者なのである。

（山崎泰寛）

●主な就職先：出版社。建築書を制作する編集プロダクション。
●就職方法：一般公募への応募。新聞などの求人広告のほか、雑誌では直接募集要項が掲載されることも多い。また、学生時代からアルバイトとして出入りし、そのまま入社に至るケースも。
●必要な資質：現状をうのみにしない探求心と発想力。細かな作業をいとわない忍耐力。コミュニケーション能力。体力。
●関連資格：編集に関する国家資格は存在しない。大学教育としての編集者教育もほぼ皆無で、就職後の職場訓練が教育のほとんどを担うのが現状である。

Interview

地方都市から建築文化を発信する

森内忠良(『Ahaus』発行人)

　建築の専門誌に元気がないと言われる中、地方を拠点に濃密な情報を発信するメディアがある。『Ahaus(アーハウス)』は豊富なビジュアルと独自発掘したエピソードを交えつつ、青森の建築を分かりやすく紹介する雑誌だ。タイトルは"青森の建築"を意味する造語。発行部数は6,000部。およそ年2回のペースで2008年12月までに7号を発行し、コアな読者を増やしている。

　発行人は森内忠良氏。青森市の建設会社で、住宅や商業施設などの設計施工を一括して手掛けている。その傍ら森内氏は、建築の魅力を広く一般の人に伝えたいと、地元タウン誌に建築の記事を盛り込むように働きかけていた。しかし「建築を扱うのは難しい」と取り合ってもらえず、もどかしい気持ちを抱えていたところ、東京で編集の仕事に携わり故郷の青森で広告関係の仕事をしていた金澤淳

もりうち・ただよし
1953年、青森県生まれ。金沢工業大学工学部建築学科卒業。米国放浪、設計事務所勤務（東京）を経て、家業の建設業を手伝い始める。住宅や商業施設の設計施工を手掛け、近年はリノベーションにも力を入れている。2005年、『Ahaus』創刊。あおもりデザイン協会会長。1級建築士。

氏と意気投合。「自分たちで雑誌をつくればいい」という金澤氏の言葉を聞き、新雑誌創刊に踏み切った。約1年間の準備期間を経て2005年1月に「前川國男と弘前」特集を刊行した。

　森内氏は1953年生まれ。高校生のころに出合ったル・コルビュジエの著作『建築をめざして』をきっかけに建築を志し、建築学科の学生時代には『都市住宅』や『SD』といった雑誌を愛読。かなり濃い目の読者ではあったが、自ら雑誌をつくる気持ちはなかったという。一方の金澤氏は『Ahaus』にかかわるまで、全くの建築シロウトであった。

　こうしたシロウト体制は内容にも反映。どんな読者でも興味が持てる、人物伝やモノづくりにかかわるエピソードを中心に記事が構成されている。

左：森内建設社屋1階は貸しギャラリーとして市民に開放。右：4階編集部にある金澤氏のデスク。建築専門雑誌が山積み

　想定している読者は、地元青森の人々だ。「建物を評価してあげるのは重要。知らず知らずに使っている建物の意味やその価値を知れば、建物をきれいに使ってくれるようになる」。記事にエピソードや人物伝を盛り込むのは、使い手に建築を愛してもらうための仕掛けでもある。

　そして主役はモダニズム建築など、昔に建てられた建築だ。「新しいうちは雑誌で取り上げられるけど、古くなると取り上げられなくなる。実際の建物は新旧関係なく場所に根付いていくものだ」。新作を取り上げることが多い建築専門誌とは、明確な差別化を図っている。そして青森県立美術館（2006年）や十和田市現代美術館（2008年）の登場で、にわかに青森に引き付けられる建築ファンの目を過去の建築にも向けさせる啓蒙書の役割も果たしている。

『Ahaus』第10号の特集は「交通都市青森の記憶と未来」

　編集部は、森内氏が運営する森内建設社屋の4階にある。そこに常駐するのは専属スタッフの金澤氏ほぼ1名のみ。通常業務の傍ら指揮を執る森内氏のもと、外注スタッフの手を借りながらつくり上げている。社屋は1960年代築のオフィスビルをリノベーションしたもの。1階の一角は貸しギャラリーで、4階のフリースペースでは不定期で建築展や建築家の講演会も開催されている。地元の人々に建築文化を伝えようという意志は社屋にもみなぎっている。『Ahaus』本誌は2011年10月刊行の10号をもって休刊となってしまったが、青森の建築文化の掘り起こしに大きく貢献した。森内氏の試みは、建築界や出版界、そして地方都市にも勇気を与えている。

（取材・文＝平塚 桂）

overseas

海外で働く

かつては海外で学んで帰国すれば、エライとされる時代があった。
それだけで食っていけたのである。
しかし、グローバリズムの現代において状況は大きく変わった。
今や海外に飛び出すのはさほど珍しいことではない。
大学を出て、いきなり外国で働き始める人も増えた。
現地で精力的に活躍する建築家も登場している。
日本国内の建設業が頭打ちになっているだけに、
海外に新しいビジネスチャンスを求めるのは
必然的な流れかもしれない。 （五十嵐太郎）

飛び出せ!! ジャパ郎くん

言葉の壁を越え

人種の壁も乗り越え

習慣の壁も越えてきた

大気圏の壁を越えてもやっていけそうな気がしている

Interview

ドバイから期待される「MADE IN JAPAN」の価値

丸山剛史（建築家）

取材・文＝平塚 桂

まるやま・たけし
1970年、東京都生まれ。1996年、東京大学大学院工学系研究科建築学専攻修了後、竹中工務店勤務。2006年5月、アラブ首長国連邦（UAE）のドバイに拠点を移しdxb・labに転職。2011年、TAKESHI MARUYAMA Design Studio設立。ブログ「dxb-Archi-LIFE」にて、ドバイでの生活や建築プロジェクトなどを紹介している。

ボスのデザインや人柄に引かれ、ドバイで就職

——海外で働こうと考えたきっかけや理由とは何でしょう？

大学を出てからすぐに勤めた竹中工務店では、最初はプロジェクトチームに所属していました。しかし激務で体調を崩し、プロポーザルなどを手掛ける部署に異動しました。そこではプロジェクトを実現する機会に恵まれず、もどかしい思いを抱えていました。そのころ海外のクライアントと仕事をする機会があり、日本の発注者に比べてフランクに付き合えると感じたことをきっかけに、海外で仕事をしたいと考えるようになりました。

——それ以前からも、海外に対する興味はお持ちだったのでしょうか？

私は子どものころ海外にいた時期が長く、生まれた直後から3年間がロンドン、小学校2年から4年まではシンガポール、5年から6年にかけてはスイスのジュネーブで過ごしました。その当時は意識しませんでしたが、年齢が上がるにつれて幼いころの経験を生かしたいと思うようになりました。大学では修士課程まで原広司研究室に所属しましたが、集落調査の一貫で海外に行けることも志望理由の1つでした。

——どうしてドバイの設計事務所で働くことに

なったのでしょうか。

　ドバイに行くことを決めた一番の理由は、dxb・labのボス、カリッド・アル・ナジャールの手掛ける建築デザインと人柄で、特にドバイだからというわけではないのです。入所のきっかけは、知り合いからの紹介です。2005年10月にドバイの建設事情に詳しい日本人の建築設計者から、dxb・labが日本人スタッフを探しているという話を聞き、2カ月後には渡航。事務所に5日間通い続けた最終日、ボスから「ぜひ一緒に仕事がしたい」と熱意ある誘いを受けて、ドバイで働く決意を固めました。

NORR GROUP「エミレーツ・タワーズ」2000年

世界最大の人工リゾート島「パームジュメイラ」

時間に追われないワークスタイル

——実際に働いてみて、仕事の進め方の面などで難しく感じることはありますか？

　仕事はしやすいですね。日本の場合は時間に几帳面な一方で、それゆえにプライベートを削ってまで期限までに目標を達成しようとします。現在の事務所では、そういう無理はさせません。定時は8時半から18時半ですが、残業はほとんどせず遅くとも20時には帰宅します。クライアントへのプレゼンやコンペの締切前などには、残業や休日出勤をすることもありますが、日本に比べると格段に少ないです。プライベートを尊重しバカンスもきちんと取るのは海

ドバイ・マリーナでウェイクボードを楽しむ丸山氏

現在、世界一の高さ（828m）を誇る「ブルジュ・カリファ」（基本デザイン＝SOM、2010年）

外では当たり前のことで、日本が異常なのです。仕事が進まずイライラすることもありますが、そういうものだと理解していれば大丈夫です。

——ドバイの建設スピードから考えると、それは意外にも感じますね。

　早いのは建設だけで、プロジェクトの進み具合は決して早くありません。ドバイでは法制度などの変更が多く、さらに物価の高騰なども影響し合うため、建物が予定通りに竣工することは少ないですね。私はドバイに2年半いますが、ようやく担当プロジェクトの1つが着工するかというところです。

——施工レベルに問題はないのでしょうか。

　日本の施工レベルを求めるのは無理ですが、この程度ならばできるという予測はつくので「日本ならこのくらいできて当たり前」というおごりさえ捨てれば、対応はできるはずです。日本の場合は地震も台風も多いので、例えばありとあらゆる条件でも水を漏らさないディテールが要求されます。ドバイの場合、雨が降れば雨漏りが起きる方が普通です。年に数回しか降らないので、雨が漏ったらそのときだけ耐えればいい、という感覚でディテールがシンプルです。

日本人がドバイで活躍できる可能性

——日本の設計者がドバイで活躍できる理由は

なぜでしょうか？

　日本の設計者、特にゼネコンや大手の組織設計事務所に勤めているような方のレベルは世界的に見ても高いはずです。日本の場合、設計者が最初のコンセプトデザインから最後の監理までしっかり見ます。そういう国はおそらくほかにありません。ドバイ辺りで目にするアーキテクトのレベルは、決して高くはありません。海外では設計プロセスが細分化されており、コンセプトデザインだけを手掛け、図面は現地の事務所に描かせるようなやり方をする事務所も多いのです。日本で実務を経験した方ならば、それだけでドバイで活躍できる資質があるといえます。さらに中東では、日本人が尊敬されています。例えばドバイで最もポピュラーな車はTOYOTAのランドクルーザーです。日本車は故障しないという絶対的な信頼があるからです。ドバイでは「MADE IN JAPAN」のブランドは健在です。

──それでは日本人の場合、実務を経験してから海外に出たほうがよいのでしょうか？

　学生でも、若いうちに海外を経験したほうがいいと思います。現在の日本の学生の多くはダイアグラム的とでもいうようなあえて形をつくり込まない設計の仕方をしており、図面からリアルな形が見えてきません。ダイアグラムに対する説明や理論はあるのかもしれませんが、そ

dxb・labは、住宅だった建物を事務所として利用している

所員は現在20人弱。出身地は、ドイツ、インド、フィリピンとさまざま

こから先に進んでいないような気がします。海外、特にドバイでは、形だけの力で目を引くことが重要視されます。日本では条件やコンテクスト抜きで形を創造する訓練が、教育として欠けている気がします。日本のデザインのやり方が世界に通用すると思っていると、大きな落とし穴がありますよ。

――最後に、丸山さんご自身の今後の展望を教えてください。

目先の目標としては、現在携わっているプロジェクトを完成させることがあります。日本では自分が設計した建物の完成を見ることができなかったので、これは必ず達成したいですね。したがって少なくともあと2年は現在の事務所で働くと思いますが、その先はフレキシブルに考えています。ただし閉塞感が強い現在の日本には危機感を抱いており、単純に帰国して独立するような未来は考えていません。例えば世界中の知人の設計者と共に各国に拠点を設け、ネットワークでつながる設計組織のようなものができないかとおぼろげながら考えていたり、日本の若い世代のために、「MADE IN JAPAN復興」を世界に訴えていこうと話し合ったりもしています。

丸山氏が担当した個人住宅「Al Hussaini Villa」2011年

独立後に携わったギャラリー「Shelter」2011年

現在工事中の日本料理屋「牧野」（エジプト・カイロ）

編集部注：増補版刊行にあたり近況をうかがったところ、当時の言葉通り、約2年後にdxa・labを退社。2011年、TAKESHI MARUYAMA Design Studioを設立し独自の活動をスタートさせたそうだ。世界を横断した新たな試行に今後も注目したい。

Interview

北京を生き抜く
タフな建築作法

迫 慶一郎（建築家）

取材・文＝平塚 桂

さこ・けいいちろう
1970年、福岡県生まれ。1994年、東京工業大学卒業。1996年、同大学大学院修士課程修了。1996～2004年、山本理顕設計工場勤務。2004年、SAKO建築設計工社設立。2004～2005年、コロンビア大学客員研究員、文化庁派遣芸術家在外研修員。

大きな仕事がある、
と誘われ北京で独立

――北京で独立された理由を教えてください。

　山本理顕設計工場では、8年で3つのプロジェクトを担当しました。最初が広島西消防署（2000年）で、次が東雲(しののめ)キャナルコートCODAN I 街区（2003年）、そして最後が北京建外SOHO（2004年）です。建外SOHOを最後に事務所を離れることは、山本理顕さんと相談して前々から決めていました。当初は欧米のどこかの事務所で経験を積もうと思っていたのですが、山本さんから「もうアトリエで働く必要はない。それよりも研究という方向はどうか」というアドバイスを受けて、コロンビア大学の客員研究員になる方法を模索しました。そのアレンジがうまくいって時間ができ、旅行でもしようと考えていたら、中国人の友人から「事務所を中国につくるなら、紹介できる仕事がある」と言われたんです。詳しく聞いてみると、プログラムは交通局のオフィスビルで規模は1万㎡。いきなり大型公共建築で、しかも特命で仕事がもらえるという恵まれた状況だったので、独立することにしました。

――中国進出に対する反応には、どんなものがありましたか。

　当時はいろいろな建築雑誌で中国特集が組ま

山本理顕設計工場「北京建外SOHO」2004年

海外で働く　247

れ、オフィスを構えただけでも雑誌に載せてもらえる状況でした。しかし2005年に反日デモが起きて、中国人の日本人に対する意識が一気に変わりました。仕事の依頼も金華チューブキューブ（計画中）と天津カレイドスコープ（2005年）がポンポンと来ましたが、それ以降が続かなくて事務所をたたむことを考えた時期もあります。

「北京ポプラ」2005年。以下すべて、設計＝SAKO建築設計工社

建設事情の違いを乗り越える

——建築をつくる上での常識や習慣は、日本とどう違いますか。

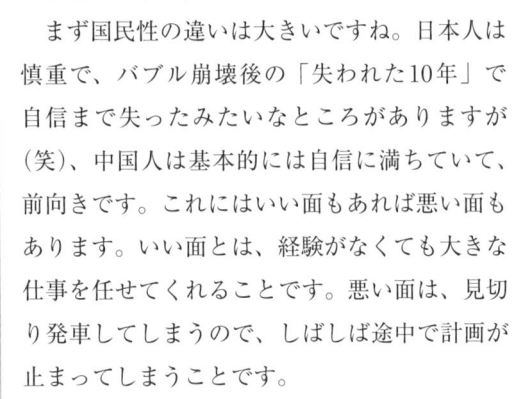

　まず国民性の違いは大きいですね。日本人は慎重で、バブル崩壊後の「失われた10年」で自信まで失ったみたいなところがありますが（笑）、中国人は基本的には自信に満ちていて、前向きです。これにはいい面もあれば悪い面もあります。いい面とは、経験がなくても大きな仕事を任せてくれることです。悪い面は、見切り発車してしまうので、しばしば途中で計画が止まってしまうことです。

——中国の仕事は難しい、とよく聞きますが。

　それはその通りだと思います。まず中国では、建築設計者に日本のような権限が与えられていません。というのもつくり手のほとんどが民間ディベロッパーで、そこが権限を一手に掌握し

「天津カレイドスコープ」2005年

ているんです。ディベロッパーは社内に設計部から工事部、材料調達部、政府との折衝部まで、つまり建築をつくる仕組みをすべて持っています。工事の途中で仕様を変えることもできるので、図面に仕様を明記してもコストダウンを理由にほかのものに変えてしまうこともしばしばです。

日本では、クライアントも施工会社も、面倒な工事でもその意味や価値に納得すればきちんと対応してくれます。中国の場合、クライアントが監理も担当し、施工者はクライアントの方しか見ておらず、大きなやり直しなどはできません。

——モノづくりや職人に対する尊敬度の違いが感じられますね。

呼び方も違うんです。職人ではなく「工人」と呼ばれています。労力としてとらえている呼び方ですよね。

——工人とは、どんな人たちなんですか？

ほとんどは出稼ぎ農民です。郊外の宿舎に押し込められていて、スシ詰めバスに乗せられて現場にやってきます。今は変わってきましたが、以前は工場のように24時間3交代制が取られていて建物を早くつくることができました。建外SOHOではSARSの影響で3カ月工事が止まったのですが、それでも地下2階地上100mの現場打ちコンクリートの建物が22カ月で竣

スタッフとの打ち合わせ風景。北京事務所は建外SOHOの一画にある

北京事務所のスタッフと迫氏（下中央）

工したんです。日本では無理ですね。例えば広島西消防署の高さは建外SOHOの4分の1でRCより工期の短い鉄骨造ですが、竣工まで18カ月かかりました。

中国だからこそ実現できるデザインとは

——最後に、中国で建築作品をつくる上でのメリットを教えてください。

　私が中国でやっていることは、大きく分けて2つあります。1つは大きな建築のプロジェクトで、2つ目は内装のプロジェクト。それぞれに中国でしかできないことがあると考えています。

——1つ目の、大きな建築のプロジェクトの可能性とは？

　建築単体ではなく、社会的な影響力を持つ大きな環境をつくれることです。中国は1つの街区自体が大きいんです。すると建物のヴォリューム自体も大きくなり、景観として存在感が生まれます。さらに大きなプロジェクトだと多くの場合は商業施設が絡んできて、その足元がパブリックな場になります。そこではパブリックな場にどう人を呼び込み、まわりと連続した場所をいかにつくるか、ということもテーマに加わってきます。

「杭州ロマンチシズム2」2007年

「北京ラチス」2007年

「北京モザイク」2008年

「北京バンプス」2008年

──2つ目の、内装のプロジェクトの可能性とは？

　人件費が安いので、労力を無限に使うことができます。例えば杭州ロマンチシズム2（2007年）は、気の遠くなるような手仕事でできているんです。網の内側に鉄筋が1本ずつ通っているのですが、その鉄筋は3次元的に曲がっているので図面にも描けません。そこで模型をつくって現場に持ち込んで、それを手本に担当スタッフが鉄筋1本1本の曲げ方にOKを出していく、という作業をひたすら繰り返してつくり上げたんです。

──そんなふうにつくったようには、全く見えないですね。

　特に欧米の人からは、ハイテクなつくり方をしていると誤解されることが多いですね。欧米では複雑な3次元形状はコンピュータのデータから機械が削り出す方法が一般化していますが、中国の場合は完全に人力です。当初は最先端の材料も高い技術もなく、精度に対する意識も低いと考えていたのですが、労力をかけられることを発見して道が開けました。大きな建築と内装のプロジェクトという、両極端の建物に中国ならではの可能性を発見したので、うまく発展させていきたいですね。

東京のギャラリー・間で開催された展覧会にあわせて刊行した作品集『28の主題 迫慶一郎の建築』（TOTO出版）

海外で働く　251

Interview

グローバリズムに対応する
強靭な設計力を鍛える

豊田啓介（建築家）

取材・文＝平塚 桂

とよだ・けいすけ
1972年、千葉県生まれ。1996年、東京大学工学部建築学科卒業。1996〜2000年、安藤忠雄建築研究所勤務。2002年、コロンビア大学建築学部修士課程（AAD）修了後、SHoP Architects勤務。2006年より東京に拠点を移し、蔡佳萱と共同でnoiz / architecture, design & planning 設立。現在、台湾国立交通大学建築研究所助理教授、東京藝術大学情報センター非常勤講師。

とにかく水を変えたくて大阪へ

——豊田さんは安藤忠雄建築研究所とSHoPという両極端のイメージを持つ事務所で4年ずつ働いてから独立、という珍しい経歴をお持ちです。まずは安藤忠雄さんの事務所に就職された理由を教えてください。

　学部生のころから海外には興味がありました。しかし学部卒での留学には奨学金のサポートも少ないので、ひとまずそのまま大学院へ進学するつもりでした。それが院試を目前に控えた7月に、安藤さんのところで働く先輩から就職を斡旋されたんです。2日間で返事をしなくてはならず、かなり悩みました。でも当時、留学志望の理由をよく考えてみると「とにかく水を変えたい」ということだったんですね。それなら海外留学も大阪で働くのも同じだろうと、安藤忠雄建築研究所でお世話になることにしました。

——安藤忠雄建築研究所ではどんな作品を担当されたんですか？

　主には淡路夢舞台と南岳山光明寺です。特に入所してすぐにかかわった淡路夢舞台はこれまでの安藤建築の集大成のようなところがあり、どの工務店も現場にエースを投入していて、現場では本当にいろいろなことを教えてもらいました。安藤忠雄建築研究所で淡路夢舞台を担当したからこそできた特別な経験だと思います。

——退所されたきっかけとは？

やはり海外への思いを断ち難くて、2000年に淡路夢舞台と南岳山光明寺が完成するタイミングで退職の希望を伝えました。

コロンビア大学で
デジタルデザインに出合う

——留学先にコロンビア大学を選んだ理由は何ですか？

これまでの考え方をいったんリセットしたかったので、とにかく物理的に遠く、考え方が多様なところを選びました。コロンビア大学の修士課程には他大学の修了者などに向けた1年間のコースがあるんですね。当時すでに29歳だったので、期間は短い方がよかったんです。

——留学まで、どんな準備が必要なんですか？

退所してから約半年間、東京でバイクメッセンジャーのアルバイトをしながらTOEFLやGREを受けました。入学に必要なのはその2つの点数とポートフォリオ。ポートフォリオが一番大事ですが、最近は建築系でもTOEFLを重視する傾向にあるようです。

——カリキュラムはどのようなものですか。

好きな先生について設計課題を見てもらうスタジオが学期ごとに1つずつ、週2、3回あります。あとは講義が週2、3コマです。ちょっ

と特殊なのは、大学院3年次に編入するコースなので前後期のほかに夏学期があり、最初の夏学期はコンピュータのスキルをコロンビアの在学生レベルまで引き上げながらの設計演習だったことです。それまでPhotoshopやIllustratorすらさわったことがないのにいきなり3次元のデジタルデザインですから、最初は泣きそうになりましたよ（笑）。

海外経験はケンカができるまで

―― SHoPに入所されたきっかけとは？

友人の紹介です。SHoPはコロンビア出身の、私と5歳違いくらいのパートナー5名で構成された若い事務所でした。1年では語学は身に付かないですし、実務を経験しないと帰国しても経歴を生かした仕事はできないと感じたので、プラクティカルトレーニングという就学ビザでも働ける制度を使って、1年だけ働いてみようと入所しました。

――当初は1年の予定だったんですか。

自由に意見が言えるオープンな環境が働きやすかったし、しかも担当したコンペの当選が重なったこともあり、結局4年間ほどいました。でも仕事の打ち合わせに1人で出られるようになったのは2年目くらいです。アメリカ人ばかりの事務所なので、最初は朝のミーティングの

SHoP「Vigin Atlantic JFK Upper Class Lounge」2004年

SHoP「FIT C² Building」2013年竣工予定

内容も分かりませんでした。それが少しわかるようになっても、今度は電話がわからない。3年くらい働いてから、ようやく自信を持って仕事ができるようになりました。やはりそのくらい実務経験を積まないと、現地のサポートなしでコーディネートしてお金や契約の話をまとめたり、現場のおっさんとケンカしたり、というのは難しいと思います。

——ケンカができることも必要（笑）。

ケンカもできないと、いいものはつくれないと思うんですよ。表面的な言葉の背後にある仕組みや論理、愛想笑いの裏にある駆け引きまでわからないと、いろんな業種の方とのシビアなせめぎ合いはできないですから。

「寒舎藝廊」2007年、台北(台湾)。以下すべて、設計＝noiz architects

海外を視野に日本で事務所を構える

——豊田さんたちの事務所は、東京のほかに台北（台湾）にも拠点をお持ちですね。

主な拠点は東京です。パートナーはコロンビアの同級生で私が帰国するときに一緒に日本に来たんですが、1カ月に1回くらいはパートナーの出身地の台北に行っていますね。日本国内と海外のプロジェクトは半々くらい。私たちは日本と台湾と両方にチャンネルがあるので、東アジアは実質どこに行っても仕事はできます。

——多彩な地域で仕事をしていますが、意識的

「TLC Cultural Center」2009年、台湾

「MoNTUE:国立台湾教育大学美術館」2012年竣工予定、台湾

事務所のインテリアは自分たちで設計・施工したもの。パートナーの蔡佳萱氏と机を並べる

海外出身のスタッフも多い

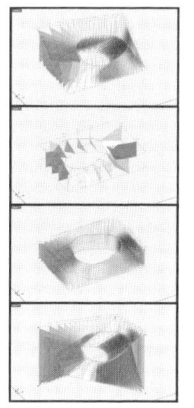

コンピューテーションを応用したパラメトリックスタディの例

にそのようにしているんですか？

　選べる立場ではないのですが、できるだけ拠点や仕事を外に散らすようにはしています。日本は幸か不幸か単独で成立するだけの市場規模があるので、情報でも何でも基本的には閉じています。これは独自の感性を育てる土壌でもあり、それをうまく生かしている人もいっぱいいます。しかし私たちがやるべきことは、日本に別の価値観を持ち込んで可能性を試すことと考えています。

——具体的にはどんなことですか？

　デザインや施工のコンピューテーション、つまり3次元のデータから施工までを合理的に結び付けるやり方などは試していきたいですね。ただ日本は職人さんの腕が良いので現状ではあまり切実な必要性はありません。しかしこれからは熟練しておらずメンタリティも異なる建設労働者が流入してくるはずなので、腕の良さと現場の良心がなくてもできる手法を今のうちから試みておく必要はあると思います。

　そして毎年夏には海外から人を呼んで、最新のプログラムやスクリプトなど、日本で触れる機会の少ない設計手法に関してワークショップをしたりしています。資金や体力がないと新しい技術を試せないような状況が訪れている中で、できる限り国内外の状況を、生で感じる努力は続けたいと考えています。

outward

建築以外の
ジャンルに
興味あり

建築という分野はそもそも不純である。
構造や材料から設備や計画、そして歴史や意匠まで、
実に多様な学を含んでおり、
それらを束ねるのが、建築の特徴なのだ。
さらに街づくりも、そして心理学だって、何でも飲み込んでしまう。
建築はほかの学問に比べて、驚くほどに幅が広い。
だから、社会のすべては建築に関係しているともいえる。
建築以外のジャンルでも、建築的に考えるクセは応用可能だろう。
建築を飛び出した先人の声を聞いてみよう。　　　　　（五十嵐太郎）

脱けんちく!! 建さん

建築の枠から脱出する人はけっこういる

ジャンフランコ・フェレ

稲川淳二

小田和正

意外と近くにもいるのかもしれません

「はい きれいにおさまりましたよ」

一級建築士

歯科医師免許

Interview

平和を構築する

伊勢崎賢治（紛争解決請負人）

取材・文＝倉方俊輔

いせざき・けんじ
1957年、東京都生まれ。1986年、早稲田大学大学院理工学研究科修了。インド留学中、スラムの生活改善を目指す住民運動を指揮。国際NGOアフリカ現地事務所で農村開発に携わる。東ティモール、シエラレオネ、アフガニスタンで、インフラ開発、治安維持、DDR（武装解除）などを指揮。現在、東京外国語大学大学院地域文化研究科教授。

建てることがすべてではない

——なぜ大学で建築学科を選んだのですか。

最初は画家になりたかったんですよ。中学生のころから全国絵画コンクールで1位になったりして、先生にもしきりに勧められたんです。でも高校生になってブラスバンドをやり始めたら、音楽もいいかなと。そういうアート系に行きたかった。だけど、たぶん生きていくのが苦しいだろうなと。

美術や音楽を教えている先生を見ていると、筆一本や音楽だけというのは難しそうだと思ったんです。その点、建築は食うことと腕一本で生きることが両立しそうな気がしました。理系も嫌いではなかったし、何かを地上に残すことをロマンだと感じたこともあります。そんな永久性への幻想があったのは確かですね。

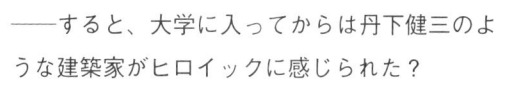

——すると、大学に入ってからは丹下健三のような建築家がヒロイックに感じられた？

それはなかった。あまり美しいとも思わなかったですね（笑）。僕はごわごわとかごちゃごちゃしたものが好きでしたから。

——大学時代に好きだった建築は？

アントニオ・ガウディとブルース・ガフです。大学に入ってすぐのころから作品集を読みあさっていました。ガフの本は当時、早稲田の図書館に1冊しかありませんでした。

「日本万国博覧会」1970年。大学進学前の伊勢崎氏にとって、建築のイメージはこの万博と黒四ダム。映画『黒部の太陽』で観たダムの造形美に感動したと語る

設計課題もまじめにやっていましたよ。あまりいい点は取れなかったけど、変なものをつくっていることで有名だったみたいです。ガウディをそのまままねるとかね（笑）。

──都市計画の吉阪研究室に進まれますが、吉阪隆正さんに接近したきっかけは？

2年生の最初の住宅設計の担当が吉阪さんだったんですが、彼は僕にA＋ではなくA－をつけたんです。それで研究室にアポを取って、文句を言いに行きました。どういうことかと（笑）。そうしたら、点数は変えられないけれど、君の作品は一番心に残っていると言われました。たぶんそれが直接に話した最初ですね。それから作品集を見たり、吉阪邸を眺めに行ったり、吉阪さんのことを調べ始めました。象設計集団が脚光を浴びた時代で、僕らの先輩にはああいう人たちがいるんだなと思いました。

──しかし、研究室に入って間もなく、吉阪さんが亡くなってしまう。

途方に暮れますよね。大学も吉阪研究室をなくしちゃかわいそうだということで、一応看板はあるんだけれども、ほかの研究室に付随しているような存在でした。僕らは壁に大きな吉阪さんの写真を張り付けて、なるべくあいつらとは付き合わないようにしようと（笑）。

──リーダー不在により、原理主義化した？

そうそう（笑）。あのころの研究室は非常に

濃かったですね。狭い部屋に何十人もいて、過大評価も含め、それぞれが吉阪さんのイメージを抱いていました。僕らの世代は吉阪さんに影響を受けながらも、吉阪さんにじかには接していない。イメージだけでその後２年間を過ごしたわけです。それが良いのか悪いのか……。吉阪さんが生きていて、こんな質問をぶつけたらどう答えるだろうと、今でも思うことがあります。

――それで築き上げられた吉阪さんのイメージはどんなものですか。

人間性でしょうね。建築家というのは建てなきゃ意味がない。けれども建てることがすべてではない。では、なぜ建築家なんだと。そうした禅問答をしているイメージですね、彼は。

バラックは美しい

――先ほど建築学科に入った当初は、建築に「永久性への幻想」を抱いていたとおっしゃいましたが、そこからの転機はいつでしたか。

大学院時代です。果たして都市はデザインできるものなのか、黒四ダムのような、でかいものをつくって後世に自分の足跡を残すという野望も幻想ではないか。それに薄々気付き始めたころ、ルシアン・クロールの存在を知ります。びっくりしました。彼の設計した集合住宅などを見ると、建築家は土台をつくっているだけで、

後は住民に委ねている。でも、最終的にできたものが非常に面白い。でも、それは1つの集合住宅であって、都市ではないですよね。そのころから、スラムやバラックを志向し始め、研究室の仲間と東京近辺を徘徊して、バラック的なものを求め歩きました。大学院の終わりごろ、部落解放同盟の若者たちや、スラムにおける住環境改善の運動を組織していた上智大学のホルヘ・アンソレーナ神父などと出会います。

——その後、インドに留学しソーシャルワークを学びます。そして、実際にスラムに入り込んで活動を始めるわけですが、こうした方向に舵を切った一番大きな要因は何ですか。

基本的には僕の美的な嗜好の問題だと思います。丹下健三さんや黒川紀章さんのような巨匠がつくったものを僕は美しいと感じない。引かれないんですね。逆にスラムを見ると、美しいと思ってしまう。ガウディやガフに始まって、ルシアン・クロールのつくったものなど、単純に、ごちゃごちゃしたものを美しいと思う。けれども、天然のスラムには負けるかなと。美的な嗜好がおかしいんじゃないかと思うんです（笑）。社会福祉や国際協力なんてことは視野になかった。

——実際に訪れて、スラムを嫌いになりませんでしたか？

あの臭いは写真では分かりませんよね（笑）。

インド国立ボンベイ大学大学院社会科学科留学中の伊勢崎氏。専攻はソーシャルワーク

でも、嫌いにはならなかった。芸術品の中に住んでいるように思っていました。水も苦労して見つけなきゃいけない、食べ物にあたって下痢したりするわけです。でも、我慢して住んでいるという気はありませんでした。

──新しく気付いたスラムの面白さは？

スラムが人間社会の縮図であるということです。善と悪が全部共存している場所なんです。スラムでは貧困者が肩を寄せ合って暮らしている。でもそこは犯罪の温床でもあるわけですね。

──大学で学んだソーシャルワークとは？

「ソーシャルワーク」というと、日本では社会福祉と認知されてしまうのですが、そうではないのです。本来はソーシャルチェンジ、社会改革のための学問です。資本主義の枠の中で生まれた学問ですから、革命を起こすのではなくて、資本主義によって生まれた社会の底辺を直視して、そこから社会を少し変えていこうとする方法です。

日本では底辺の人たちがマイノリティになりがちですけど、インドのような場所では逆にマジョリティになる。つまり社会の底辺の人をオルグしてそこから変えていくという非常に危険な思想、それを学問化しているわけです。住民をどうオルグするかなんてことも理論化されていますし、そうしたことがインドなどでは1つの職能として意識されています。

インドのスラム

——そこに踏み込んでいったわけですね。

　スラムに入るための口実がそれを勉強することだったんですが、座学では飽き足らなくなり、大学は1年で中退します。当時アジアで最大といわれたスラムの住民組織の活動家と一緒に住むようになって、現地NGOの「コミュニティオーガナイザー」としての職を得ました。

——端的に言うとどんな仕事ですか？

　インドの場合は要求運動です。住民を組織化して、市当局による強制撤去を阻止したり、共同トイレや下水道整備などの公共投資を行政から勝ち取る。僕らの給料以外は一銭も使わずに、インフラができてしまう。あれは貴重な経験でした。10年、20年と続けていればそれなりの葛藤があったと思いますが、僕はインド政府公安部からマークされて、4年で追い出されましたから、単純にエキサイティングでしたね。オルグの理論を実践して、われわれ10名ほどのチームが40万人のスラム住民を動かすわけです。それが単純に面白かった。

インドでは、世界最大級のスラムで40万人の住人の生活改善を求める住民運動を指揮

空間を通して人権を守る

——インドから戻って、何をしようと考えましたか？

　建築や都市設計には興味を失っていました。かといってプロのコミュニティオーガナイザー

住民組織を動かした伊勢崎氏は、インド政府公安部からマークされ、国外退去命令を受け帰国

4年間生活したアフリカのシエラレオネ。世界最大規模の国際NGO「Plan International」に就職した伊勢崎氏は、現地事務所の責任者として、農村開発、公共インフラ整備を担った

としての経験を生かせる職場は国内に見つからない。当時、部落解放同盟の若者たちがアジアの被差別コミュニティの住民運動とのつながりを模索していたので、僕がかかわってきたインドのネットワークを使って、活動家を日本に呼んでくる交流事業をしばらくやっていました。アルバイト代くらいはもらっていたんじゃないかな。そんなことで食いつないで、本を書いて、就職活動しました。国際NGO「Plan International」に採用され、赴任地として与えられたのが内戦前のシエラレオネでした。

――シエラレオネはどうでしたか？

造形的には面白くない（笑）。農村で、人間がまとまって住んでいないから、造形がないわけです。農村開発はNGOの仕事の中では花形です。でも、僕の中では都落ちみたいな気分で、これでものづくりとは完全に縁が切れちゃったかなぁと思いました。

ただ、農村でも住民をオルグしなければいけない場面がありました。農村は都市に比べ目立たないけれど、都市以上に人間がばたばたと命を落としていく。それを救うという仕事の大切さは、外から見ていてはわからないことで、本当にいいことをやっているという手応えを感じました。そこからですね、国際協力や福祉とか、人の役に立つことをやりたいということを考え始めたのは。もう30代でしたから、遅過ぎま

すよね（笑）。

──建築を学んだ人が、そうしたハードだけではなくてソフトの面も含めて社会のかたちをつくっていく仕事に携わるのは、海外では日本よりもあり得るケースなのでしょうか？

　数はそれほど多くないけれど、建築を学んで国際協力に携わる人間はいますね。日本では住民参加型の建築・まちづくりの域を超えませんが、海外で活動しているとけっこう「おまえも建築やったのか」といった場面に遭遇します。

──そうした方向に進むには、何が必要だと思いますか。

　例えば、人権のことを学ぶべきではないでしょうか。人権がどういうかたちで国際法で規定されているとかね。人権の概念がなければ建築なんて成り立たない。アメニティなんて言葉も人権が上位概念のはずです。建築は人間を扱っているのに、人権について学んでいないのは、おかしいのではないかと。

──もし、建築学の第1条に建築のミッションを書くとしたら、どんな条文にしますか？

　人権を空間という形で具現化するということ。それを都市という形あるいは建物という形でつくるということでしょうね。そうした共通認識があれば、くだらない建築を行政からやれと言われても建築家の側からブレーキが働くかもしれません。

シエラレオネの後に赴任したケニア。その後に異動したエチオピアの現地事務所も含め、アフリカでの活動は10年にもわたった

2000年、国連東ティモール暫定統治機構・コバリマ県知事に就任した伊勢崎氏は、内戦後の東ティモールで治安維持やインフラの復興を手掛ける

ゼロからの国家建設

——シエラレオネの後はケニア、エチオピアで開発援助に携わったそうですが、都市的なものに触れる機会というのは……。

なかったですね。エチオピアでは首都アジスアベバのスラムで活動したこともありましたけれど、ほとんどが農村開発でした。ただ、小学校などの施設はたくさんつくりました。ローコスト、自力建設という観点で。

——それはどういう材料でつくるんですか？

なるべくそのまわりで取れたもの。地元の土からブロックをつくって積み上げるのが理想でしょうが、それでは構造が持たないので、少しセメントを入れたりします。屋根にも、地元で焼いた瓦を使いたいところですが、やはり割れてしまうので、コルゲートアイアンシートを使いました。輸入物とその土地から取れたものとのミックスですね。

何万というトイレ建設も実現しました。欧米の国際NGOというのはキメの細かいことを大規模にやるんです。トイレ事業や井戸掘りにしても、住民に1つの技術を教え込む。すると彼らはそれを他の住民に教えて、ねずみ算的に広がっていきます。最初にうまく投資すれば、どんどん増殖していきます。だから、最初の年に1万、2万個のトイレが建つんです。

2001年、国連シエラレオネ派遣団の一員として、DDR（武装解除）を指揮。DDRの過程の最後には、少年兵に自らの武器を壊させる

2003年、アフガニスタンでDDRを指揮。戦闘する兵士数を確定するためにインタビューを行う

建築以外のジャンルに興味あり

——最初のボタンをうまく押すことで、その後の流れが決定的に変わっていく。ものをつくっていくためのノウハウがあるわけですね。

そうです。それが開発の方法論になっています。アフリカで崩壊した国立病院の民営化にも携わりました。そこで求められるのは、公共施設のマネジメントという技術です。小学校建設の際、建物だけじゃなく、PTAの組織までつくります。つくった建物がずっとメンテナンスされるような仕組みもつくっていくわけです。それをやるのがNGOなんですよ。シエラレオネでは国の半分以上のインフラをわれわれがつくった。国を1つの団体が動かしていました。

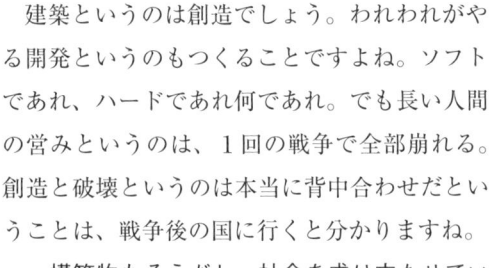

建築というのは創造でしょう。われわれがやる開発というのもつくることですよね。ソフトであれ、ハードであれ何であれ。でも長い人間の営みというのは、1回の戦争で全部崩れる。創造と破壊というのは本当に背中合わせだということは、戦争後の国に行くと分かりますね。

——構築物もそうだし、社会を成り立たせている仕組みもですね。

そう。だからつくることの虚しさみたいなのも感じます。虚しいけれどそれをやっていかなければいけない。創造と破壊を繰り返すことになるのかもしれない。創造に要する時間というのは、破壊に比べれば圧倒的に長いですよね。それは体感として分かります。

東ティモールでつくられた「平和と和解センター」2008年

同内観。現地の構法によって大架構が実現

武装解除
紛争屋が見た世界
伊勢崎賢治

伊勢崎氏が携わった国際援助、開発、DDRの活動をまとめた著書『武装解除』(講談社現代新書)

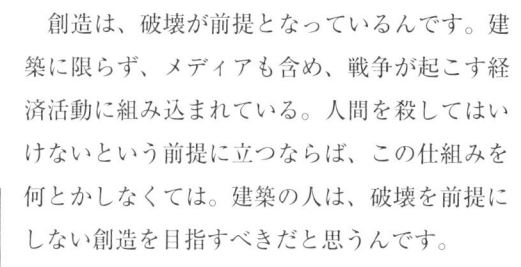

現在、平和構築・紛争予防のための紛争学を教えている。学生の大半は紛争当事国からの留学生。その一方、広告業界の手法によって平和運動を広め、かつ投資対象として再構築する「ピース・アド」にも着手

　創造は、破壊が前提となっているんです。建築に限らず、メディアも含め、戦争が起こす経済活動に組み込まれている。人間を殺してはいけないという前提に立つならば、この仕組みを何とかしなくては。建築の人は、破壊を前提にしない創造を目指すべきだと思うんです。

　僕は40代になって、内戦後の東ティモールで破壊された国の処置に携わっていくわけですが、そこには本当に何もなかった。民兵たちがすべてを壊して、壊れていないものは何もない。使える建物もないし、金目のものは全部持っていかれている。洗面台とか、トイレのシートまでも。すごいですよ、あの破壊は。本当にゼロから国家を立ち上げるという作業でした。

——では、伊勢崎さんのお仕事は造形とは全く無縁になってしまった……。

　それが面白いことに、造形といえるかどうかわからないのですが、変わった建築を東ティモールでプロデュースしました。場所は教会の敷地の中です。内戦の際、教会に人々が逃げ込んで、そこを民兵に狙われて大量虐殺が行われました。その一角に和解と人権のシンボルをつくろうということになって、教会を通じて僕が地元のコミュニティに言ったのは「伝統的な構法を使って、できるだけでかい空間をつくろう」と。それでできたんです。円形のでかい空間が、茅葺きでね。美しいんですよ。

Interview

実空間にはない世界を
つくりたい

渡邉英徳(メディアアーティスト・プロデューサー)

取材・文=mosaki

わたなべ・ひでのり
1974年、大分県生まれ。1996年、東京理科大学理工学部建築学科卒業。1998年、同大学大学院修了。2000年より早川書房『S-Fマガジン』の装画+イラストを担当。2001年、ゲーム制作会社フォトン設立。現在、フォトンスーパーバイザー兼取締役、チームフォトン代表、首都大学東京大学院准教授。

建築、CG、そしてゲームへ

——子どものころはどんなことに興味がありましたか？

ファミコンなどが大好きで、ゲームの登場人物や背景をまねて描いたりしながら、自分でストーリーをつくることが好きでした。

——なぜ、建築を学ぼうと？

高校生になると、物理や美術が好きになったので、両方できるところということで建築学科を選びました。高校3年生のころだったと記憶しています。その後、東京理科大学理工学部と大学院の理工学研究科で6年間建築を学びました。

——学部のころから、かなり秀でた生徒でいらしたと聞いています。

卒業制作で、手描きのドローイングからCGを起こすという手法をとって、数十枚ものCGを提出しました。今の学生が同じことをしても、そこまで話題にならないと思いますが、当時はそれが珍しくて、すごく評価されたのですね。同様の手法でコンペにもたくさん応募して、結果もついてきました。でも大学3年生まではCADなんて嫌いで、いじったこともなかったんです。その後新しい表現技術として注目され始めていたCGと出会い、一気にのめり込んでいきました。

——大学の先生は、どんな反応でしたか？

当時、シーラカンスのメンバーの1人で建築家として活躍されていた小嶋一浩先生の研究室に所属していたのですが、先生は意外と歓迎してくれたんです。いろんな分野を渡り歩いてみればいいじゃないか、と背中を押してくださるくらいでした。単に、こいつは何を言っても言うことを聞かないと思われていただけかもしれませんけどね（笑）。

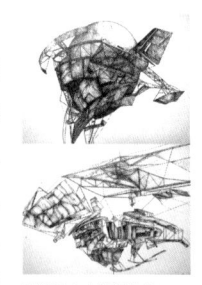

渡邉氏の卒業制作より

——建築学科を卒業してから今のお仕事につながるきっかけは、何だったのでしょうか。

独学でCADやCGの技術を身につけ始めたころから、不可視の世界をビジュアライズすることに興味がわいてきました。そんな大学院時代のある日、プレイステーションのゲームをつくっている会社のオーディションに応募したら受かってしまったんです。それは主にゲームの中に出てくる建築物をデザインする仕事でした。最初はバイトから入って、その後契約クリエーターとなりました。

——当時は、大学院生とゲームクリエーターの二足のわらじだったのですね。

そうですね。大学院時代の修士論文の研究テーマは、「コンピュータ空間の中の建築」。コンピュータでつくる建築について書いていたので、仕事で得たことを修論に生かしたり、逆に修論のためにゲームの舞台となる海外へ調査に

行ったり、研究とゲームの世界を互いにフィードバックさせていました。

――大学院を修了した後は、そのままゲームの世界に飛び込んだのですか？

大学院を出て1年ほどは、先のゲーム会社に勤め、契約が切れた後に別の会社に入社しました。その会社のコンセプトは"戦わない、殺さないゲームをつくる"ということで、自分自身も賛同できるところが大きかったんです。その後、あるご縁で投資していただける体制が整ったので、友人のクリエーターら数人とゲーム制作会社「フォトン」を設立しました。

建築にない可能性を建築の思考で発見

――建築設計事務所に入りたいという思いは、なかったのですか。

全くありませんでした。当時、建築学科を出てほかの仕事に就いても、それを物珍しく言われることもなかったし、僕自身、建築をつくること以外の方向に進むことに対して、ネガティブな気持ちはありませんでした。建築のように一からつくり上げ完成するというものではなく、つくり上げたものをユーザーが自由にアレンジして楽しめるプラットフォームのようなものをつくりたいというのが、僕の希望だったん

『S-Fマガジン』（早川書房、2004年）にて発表したイラスト「"Other Cities" Benjamin Rosembaum」2003年

です。

――ヴァーチャルな世界ならではの面白さはありますか。

フォトンで初めて手掛けた仕事が「リズムエンジン」というゲームでした。音楽でセッションするように会話をするというコンセプトの"戦わない、殺さないゲーム"で、ネット上で、非同時的に国籍を問わずいろんな人たちが文字や音楽で会話ができるソフトなんです。この数年展開している、桜の写真を世界中からGoogle Maps上に投稿してもらう「桜前線さくらマッピング」などもそうですが、さまざまな人とつくるとこんなものができるのかという驚きと、さらに世界中の人が参加してくれるという喜びがあります。これは実空間をつくることにはない別の面白みだと思います。

「桜前線さくらマッピング」
2006年

――現在の仕事の中で、建築を学んでいたことが生きると感じることはありますか？

建築を学ぶということは、建築学的な思考を学ぶということなんですよね。総合的に物事を見渡して、デザインはもちろん人と交渉するとか、プレゼンテーションするとか、いろいろなことを経験する。そういう、トータルにプロジェクトを推進する能力は鍛えられました。これはどの分野でも生かせることだと思っています。

――2008年から大学で教鞭をとられています

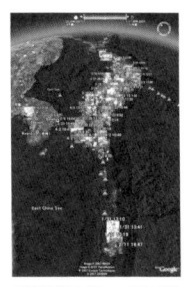

が、何か変わったことはありますか？

　大学で学生を指導しながら、一方でメディアアーティストやプロデューサーとして、さまざまなプロジェクトを行っています。専門分野は？　と聞かれても、今でもひと言では答えられません。現在している仕事も、これからしたいと思うことも、言葉で伝えるのは難しいです。でも、特に大学にかかわるようになってからはクライアントに話を聞いてもらいやすくなり、やりたいことがやりやすくなってきたように感じています。経歴や肩書きは僕のすべてを表すものではないけれど、いろいろな世界や人とかかわる際の"わかりやすさ"としては機能してくれると思っています。

——学生時代を振り返って、現在のスタンドポイントについてあらためて思うことはありますか？

　学生時代からヴァーチャルリアリティにあこがれて、いつかこれで世界的に活躍してやる、と言っていたのが、少しずつではありますが、実現できるようになってきたことがうれしいです。しかし、実現したらしたで「もっとやれるはず」という引っ掛かりが新しく生まれます。まあ、そういう気持ちがあるうちは前に進んでいけるとも思います。まだまだこれからですね。

渡邊氏が進めているプロジェクト「ヒロシマ・アーカイブ」広島原爆の実相を世界に伝える多元的デジタルアーカイブズ。2011年7月公開

Interview

ゼネコン勤務を経て
スピリチュアリストに転身

暁 玲華（スピリチュアリスト）

取材・文＝平塚 桂

あかつき・れいか
千葉大学工学部建築学科卒業後、鹿島建設を経て、神社本庁神職資格を取得し古神道研究に携わる。東京大学大学院新領域創成科学研究科非常勤研究職員を経て、現在、パワースポット研究のスペシャリストとして雑誌やラジオで活躍。著書＝『幸せを呼び込むパワースポット』（集英社）、『おはらい88の作法』（アスペクト）。

建築に没頭した学生時代

――大学時代はどんな学生でしたか。

　好きな授業や課題には真剣に取り組んでいたので、勉強と製図の毎日で、遊ぶヒマがないほど頑張っていました。高校時代から建築関係の雑誌をたくさん読んでいて、かなり強い気持ちで建築に進んだのです。大学に工業意匠学科もあったので工業デザインの課題まで選択して、締切が週3回、徹夜が週2回ということもありました。課題の成績もよくて、方向を見直し始めた3年生まではずっと優でした。

――設計演習ではどのようなものを？

　課題であっても、その土地のことを深く掘り下げて考えていましたね。風水も勉強しましたし、「何が建てたいの？」って地面に聞いたりもしました（笑）。当時から地面やまわりの空気が求めるものを建てたい、という気持ちがありました。でも4年生になってから、少し設計をあきらめてしまったんです。

――なぜあきらめてしまったんでしょう。

　ヨーロッパ旅行をきっかけに建築よりも街や都市に興味がわき、単体の建築の持つ影響力に限界を感じるようになったんです。さらにその旅行では教会をまわって霊障を受けてしまい、帰ってきてから倒れてしまいました。

――その経験は、現在のお仕事にも影響がある

んですか？

　当時は自分のそういう能力には無自覚でした。ただ何事も突き詰めるほうなので、この場合も教会で気分が悪かったのはどうしてだろう、と疑問を持ってしまったんですね。同じように設計演習の課題にしても、なんでここに美術館を建てるのか、なぜホールはホールらしい形をしているのか、という根源的な意味が気になってしまい、しばらくは視野を広げつつ勉強しようと大手ゼネコン（鹿島建設）に就職したのです。

ゼネコンを辞め、迷いの時期を経て古神道に

——ゼネコンではどういった仕事をされましたか？

　開発計画部という部署で、大規模開発を担当していました。でも建物を建てるために木を伐採して効率よく土地を切り崩す、などという環境負荷を高めるようなやり方が感覚的に合いませんでした。

——会社にはどのくらい在籍されていたんでしょうか？

　1年と8カ月です。会社自体はとても楽しかったのですが、自分自身の興味や思想を追求したかったので辞めました。

——辞めた後は、どんなことを？

ジャズクラブで歌手をやったり、コンサルティング会社に就職してマーケティング調査をしたり、雑貨の個人輸入をしたり。とにかく直観のおもむくままにいろんなことを経験しました。

——スピリチュアリストとしての能力に目覚めたのは？

会社を辞めてから2年半で結婚したんですが、働かなくても済むせいか、しばらく寝てばかりいたんです。そのとき心の中でやりたいと思っていることが映像になって出てきたり、人の声が聞こえることがあったり。その声に従って動き出したのが、現在につながっています。

——声、というのは？

当時、時々、インスピレーションのように声として聞こえてきた指示です。最初はエジプトのピラミッドに行くように言われたんですが、それはあまりに遠くて行けませんでした。次に出てきたのが剣山です。こちらに登ってみて、大剣神社という場所にたどり着いた際、大きなエネルギーが身体にぶつかってきたんです。

——**具体的には、どういう状態なんですか？**

丸い気の固まりがバーンと身体に入ってきて、10秒くらいの間に映画3本分くらいの映像がふわーっと脳裏を通り過ぎるんです。そして例えば上空から見た地図や歴史的なビジョンな

どが見えるんですね。そこで別の神社に行くように言われて行ってみる、というように連鎖し始めて「神社めぐり」をするようになったんです。日本全国に行きました。4日間くらいかけてその辺りの神社をひたすら巡るんです。すると神社が答えをどんどんくれて、わからなかったことが次第にわかってきました。それがきっかけで、古神道を勉強するようになったんですね。

スピリチュアルな能力を
建築へと還元する

——趣味で始めた勉強が、お仕事へとつながったのは？

しばらくは個人的に勉強していて、いろいろな先生にも会ったりしましたが、ある古神道の先生と方向性が合って、自分の道が定まりました。その後、仕事として占いを始めました。会社を辞めて4年くらいたった29歳の時です。鑑定をやっていくうちに、自分に霊感があることに気付きました。占いの合間に何げなく話したことのほうが当たっていたんですね。

——学生時代からお持ちだった、土地に対する関心とも連続しているんでしょうか。

そうですね。神社本庁で神主の免許も取って、古神道流の地鎮祭も行っていたのですが、こう

した実践を通じて土地を読む能力が磨かれていきました。このころになると、学生時代とは全く次元が違いますね。土地の「気」を知る方法論を知りたくて勘だけで進んできて、およそ10年でやっとつかむことができたんです。この後は、古神道から得たものをいかに実践につなげるか、ということを考えるようになりました。

——例えばどのようなことを？

古神道から得た超越的な感性の方向性には時間と空間の２つがありますが、私は特に空間に着目しています。パワースポットの本も出していますが、活動成果の１つです。これは建築学科を出たからこそ興味を持ったことでもありますね。

——建築とパワースポットには、共通項があるんですか？

例えば土地にパワーがなくても建てる建築によってはパワースポットになることもあるんです。私がパワーを持つ建築の特徴等を具体的に説明することで、少しでも人々に希望を与えるような建築が生まれることに役立つようになればいいな、と思っています。

暁氏の最新刊『あなたの願いが叶うパワースポット』（大和出版）

略歴

五十嵐太郎（いがらし たろう）／建築批評家
1967年、パリ（フランス）生まれ。1990年、東京大学工学部建築学科卒業。1992年、東京大学大学院修士課程終了。博士（工学）。現在、東北大学准教授。『建築雑誌』編集委員長、ヴェネチアビエンナーレ国際建築展2008日本館のコミッショナー、あいちトリエンナーレ2013の芸術監督、せんだいスクール・オブ・デザインの教員を務める。著著＝『終わりの建築／始まりの建築』（INAX出版）、『戦争と建築』（晶文社）、『磯崎新の建築談義』（共著、六耀社）、『現代建築のパースペクティブ』（光文社）、『卒業設計で考えたこと。そしていま』（編著、彰国社）、『現代建築に関する16章』（講談社現代新書）、『新編 新宗教と巨大建築』（ちくま学芸文庫）、『「結婚式教会」の誕生』（春秋社）、『建築と音楽』（共著、NTT出版）、『近代建築史』（共著、市ヶ谷出版）ほか。

伊藤有宏（いとう くにひろ）／公立学校教諭
1971年、宮城県生まれ。1993年、東北工業大学工学部建築学科卒業。1997年、東京大学大学院修士課程修了。同年～2003年、名古屋工業高等学校建築科教諭。2003～08年、仙台工業高等学校建築科教諭。現在、仙台市立榴岡小学校教諭。

大西正紀（おおにし まさき）／編集者
1977年、大阪府生まれ。2003年、日本大学大学院理工学研究科建築学専攻修士課程修了。2003～04年、Ushida Findlay Architects（UK）。2004年、田中元子とmosaki共同設立。2004～07年、日本大学理工学部建築学科助手。著書＝『けんちく体操』（エクスナレッジ）。主な編集に『20XXの建築原理へ』（伊東豊雄ほか著、INAX出版）、『浅草のうち』（乾久美子著、平凡社）、『新しい建築のかたち』（斉藤公男著、エクスナレッジ）ほか。

加藤 純（かとう じゅん）／エディター・ライター
1974年、大分県生まれ。東京都育ち。1999年、東京理科大学工学研究科建築学専攻修士課程修了。在学中は日本の戦前期における集合住宅の復原的研究を行う。1999～2004年、建築知識（現・エクスナレッジ）にて月刊『建築知識』編集部に在籍。2004年に退社後、フリーランスのエディター・ライターとして活動を開始。主に、建築・インテリア・住まい関連の雑誌・ムック・書籍の企画編集、執筆を行う。

倉方俊輔（くらかた しゅんすけ）／建築史家
1971年、東京都生まれ。1994年、早稲田大学理工学部建築学科卒業。1999年、早稲田大学大学院博士課程満期退学。博士（工学）。現在、大阪市立大学大学院准教授。2006年日本現代藝術奨励賞、稲門建築会特別功労賞受賞。著書＝『吉阪隆正とル・コルビュジエ』（王国社）、『建築家の読書術』（共著、TOTO出版）、『東京建築ガイドマップ―明治 大正 昭和』（共著、エクスナレッジ）、『吉阪隆正の迷宮』（共著、TOTO出版）、『住宅70年代・狂い咲き』（共著、エクスナレッジ）、『ル・コルビュジエのインド』（共著、彰国社）、『伊東忠太を知っていますか』（共著、王国社）ほか。

酒井一光（さかい かずみつ）／学芸員・建築史
1968年、東京都生まれ。東京大学大学院工学系研究科建築学専攻博士課程中退。現在、大阪歴史博物館学芸員。大阪歴史博物館で担当した展覧会として、特別展「煉瓦のまち タイルのまち」（2006年）、特集展示「90周年記念 大阪市中央公会堂の建築・美術・舞台」（2008年）ほか。著書＝『窓から読みとく近代建築』（学芸出版社）。

清水重敦（しみず しげあつ）／建築史家
1971年、東京都生まれ。1993年、東京大学工学部建築学科卒業。1999年、東京大学大学院博士課程単位取得退学。現在、奈良文化財研究所景観研究室長。博士（工学）。著書＝『擬洋風建築』（至文堂）、『復元思想の社会史』（共著、建築思潮研究所）、『都市・建築・歴史 7近代とは何か』（共著、東京大学出版会）ほか。

清水 潤（しみず じゅん）／編集者
1957年生まれ。明治大学文学部日本文学科卒業。1987〜91年、建築知識（現・エクスナレッジ）にて月刊『建築知識』の企画編集に携わる。1992年より、フリーランスで書籍・ムック・雑誌などの企画編集を手掛ける。また、隔月刊『CONFORT』（建築資料研究社）の原稿執筆など。現在、ワトジ編集室主宰。

関口威人（せきぐち たけと）／ジャーナリスト
1973年、神奈川県生まれ。1995年、早稲田大学理工学部建築学科卒業。1997年、早稲田大学大学院修士課程修了。同年、中日新聞社入社。北陸本社整理部、四日市支局、名古屋本社社会部、同文化部を経て2008年に退社。現在はフリー。

高木伸哉（たかぎ しんや）／編集者
1965年、北海道生まれ。1991年、芝浦工業大学大学院建設工学専攻修了。1991〜2000年、鹿島出版会『SD（スペース・デザイン）』編集部在籍。2001年、編集事務所フリックスタジオ設立。2002年より磯達雄をパートナーとしてフリックスタジオ共同主宰。著書＝『東京リノベーション』（編集、廣済堂出版）、『TOKYO Eleven Paradise』（編集、TOTO出版）ほか。

たかぎみ江（たかぎ みえ）／建築ライター・イラストレーター
1973年、東京都生まれ。1998年、京都大学工学部建築学科卒業。2001年、京都大学大学院修士課程修了。2000年、平塚桂と共にウェブサイト『ぽむ企画』を立ち上げ建築評論活動を開始する。著書＝『京の近代建築』（らくたび文庫）、『建築日和1 バブル建築へGO！』（編著、エクスナレッジ）ほか。

納見健悟（のうみ けんご）／コンストラクションマネジャー
1977年、埼玉県生まれ。2003年、神戸大学工学部建設学科卒業。組織設計事務所、独立系の建築マネジメント会社で、設計・工事監理・コンストラクションマネジメントを経験後、総合コンサルティング事務所 あるく総合研究所を開設。建築・不動産ビジネスや税務・会計など実務系の記事・講演・イベントの企画なども手掛ける。1級建築士、日本CM協会認定コンストラクションマネジャー、米国PMI認定PMP（Project Management Professional）

平塚 桂（ひらつか かつら）／建築ライター
1974年、静岡県生まれ。神奈川県育ち。1998年、京都大学工学部建築学科卒業。2001年、京都大学大学院修士課程修了。2000年、たかぎみ江と共にウェブサイト『ぽむ企画』を立ち上げ建築評論活動を開始する。著書＝『建築日和1 バブル建築へGO!』（編著、エクスナレッジ）ほか。

星 裕之（ほし ひろゆき）／建築家
1969年、栃木県生まれ。1993年、宇都宮大学工学部卒業。近藤春司建築事務所（意匠）、阿世建築設計室（構造）を経て、1998年、STUDIOPOH設立。1999〜2007年、宇都宮メディアーツ専門学校非常勤講師。2008〜11年、宇都宮大学工学部非常勤講師。2007年より東北大学大学院に在籍。独立以来、小住宅を中心に30件ほどの設計監理を行う。著者＝『建築学生の［就活］完全マニュアル』（エクスナレッジ）。

松浦隆幸（まつうら たかゆき）／建築土木エディター・ライター
1966年、東京都生まれ。1990年、東京理科大学工学部建築学科卒業。同年、日経BP社入社（『日経アーキテクチュア』記者）。1994年に退社後、米国周遊、農業生活を経て、1997年よりフリー。2005年、オン・ザ・ロード設立。主に、建築・土木の分野で取材執筆・企画編集を手掛ける。著書＝『住宅アンソロジー 1981-2000』（編著、日経BP社）、『秘境を貫く飛騨トンネルの物語』（編著、中日本高速道路）ほか。

松田 達（まつだ たつ）／建築家
1975年、石川県生まれ。1999年、東京大学大学院修士課程修了。隈研吾建築都市設計事務所を経て文化庁派遣芸術家在外研修員としてパリにて研修後、パリ第12大学パリ・ユルバニスム研究所にてDEA取得。2007年、松田達建築設計事務所設立。2008年より建築系ラジオ共同主宰。現在、東京大学先端科学研究センター助教。作品＝第1回リスボン建築トリエンナーレ帰国展会場構成（2007年）、ハイ・ハピネスシティ上海（2011）ほか。

山崎泰寛（やまさき やすひろ）／編集者
1975年、島根県出身。1998年、横浜国立大学教育学部卒業。2005年、京都大学大学院教育学研究科修士課程修了。2003〜07年、SferaExhibition／Archive企画・運営。2007〜11年、『建築ジャーナル』編集部。現在、京都工芸繊維大学大学院博士後期課程在籍（松隈洋研究室）。2002年より、藤村龍至らとメディアプロジェクト「ROUNDABOUT JOURNAL」を展開中。

取材協力

浅古陽介
浅田敏信
阿部大輔
石川 初
伊東豊雄建築設計事務所
大島 滋
大野道夫（竹中工務店）
大野友平
岡辺重雄
尾曲幸輔（特許庁）
門田 摂
加納潤吉
川口智之
北川真理
橘高栄一（アサツーディ・ケイ）
小林美絵
桜井宏行
高木智子
高見真二
武田重昭
谷口篤也
豊蔵 均（龍居庭園研究所）
中島直人
中山靖史
西澤繁毅
野田幸久
林 要次
深瀬玲子
松川昌平
御代田和弘
本江正茂
山崎 亮
湯澤 健
横山静観（パシフィックコンサルタンツ）
吉川一郎
渡谷栄一
渡辺 賢

写真・図版クレジット

Ahaus　236左
NAI　218
noiz architects　256、257下
Open A　139
SAKO建築設計工社　249、250下
SHoP　255
studio-L　056-058
SUPPOSE DESIGN OFFICE　024、025
アークブレイン　112
伊勢崎賢治　264-271
岩崎 稔　248
小川泰祐　018
小野田泰明　125
鹿島建設　180、181
加藤 純　130左
兼平雄樹　113
清水 潤　159、160、169-171
正光俊夫　152、153
舒赫　250中央下
彰国社写真部　046、047、124、247、261
彰国社編集本部　179、205、227、235、236右
武井誠＋鍋島千恵/TNA　031
高木伸哉　217
竹中工務店　019右
舘 知宏　206、207
内藤滋義　106
永田音響設計　073
名古屋大学　119
日建設計　036右、037右
畑 拓（彰国社）　017、019左、035、036左、037左、045、055、059、065、066、071、105、111、117、123、129、131右、151、225、246、252、257上、257中央、260、272
平塚 桂　029、030
広松美佐江/BEIJING NDC STUDIO, INC.　250中央上
藤井浩司/Nacása & Partners Inc.　250上
ぼんぼり光環境計画　067
真壁智治　226
松永光央　240
丸山剛史　242上・中央、243-245
三井不動産レジデンシャル　096、097
ミューザ川崎シンフォニーホール　072
村上幸成　161
吉川昌空　242下
和木 通　023、095、135、137、278
渡邉英徳　274、275

建築文化シナジー
建築学生のハローワーク　改訂増補版

2009年1月10日 第1版発行
2012年2月10日 改訂増補第1版発行

編者	五十嵐太郎
発行者	後藤武
発行所	株式会社 彰国社

162-0067 東京都新宿区富久町8-21
電話 03-3359-3231（大代表）
振替口座 00160-2-173401
http://www.shokokusha.co.jp
http://www.kenchikubunka.com

印刷	壮光舎印刷株式会社
製本	株式会社ブロケード

ⓒ Taro Igarashi（代表）2012
ISBN 978-4-395-24118-7 C3352

本書の内容の一部あるいは全部を、無断で複写（コピー）、複製、および磁気または
光記録媒体等への入力を禁止します。許諾については小社あてにご照会ください。